あなたに最適な種目がわかる・選べる

世界一使える筋トレ完全ガイド

国際武道大学
体育学部 准教授
荒川 裕志

日本文芸社

Contents

あなたに最適な種目が
わかる・選べる

世界一使える筋トレ完全ガイド

第1章 胸部の筋トレ …… 35

第2章 背中（広背筋・僧帽筋）の筋トレ …… 53

著者のことば

書店の実用書コーナーには多くの筋トレ本が陳列されています。中には、たくさんのトレーニング方法が掲載された「筋トレ種目のカタログ本」といった趣の書籍も多くみられます。私自身もそういった筋トレ本（もちろん一冊一冊、独自性を打ち出してきましたが）を執筆してきた著者の一人です。

効果的な筋トレのやり方を知りたいという読者に「カタログ本」が役立つことは確かだと思います。一方、掲載されている筋トレ種目が多いと目移りしてしまい、「初心者は何を選んで良いのかわからない」といった声が聞かれることも事実です。そこで「自分に合った筋トレ種目の選び方」をメインテーマにしたのが本書になります。

筋トレを実施する目的は、外見的なボディメイクや健康増進、スポーツ競技力向上など、人それぞれでしょう。同様に筋トレ種目にもバリエーションがあります。同じ部位を鍛える場合でも、自重種目やチューブ種目、マシン種目やケーブル種目、さらにバーベルやダンベルなどを用いるフリーウエイト種目まで多様性に富みます。そして各筋トレ種目には長所と短所があり、それぞれがトレーニング効果を生じさせるメカニズムも同一ではありません。

本編では対象部位ごとに複数の筋トレ種目を紹介し、それぞれの長所と短所を体系的にまとめました。筋トレを実施する目的や体力レベルに合わせて各自が自分に適した種目をカタログから「チョイス」するための指針として本書がお役に立てれば幸せに思います。

国際武道大学 体育学部 准教授 **荒川 裕志**

の主な筋肉

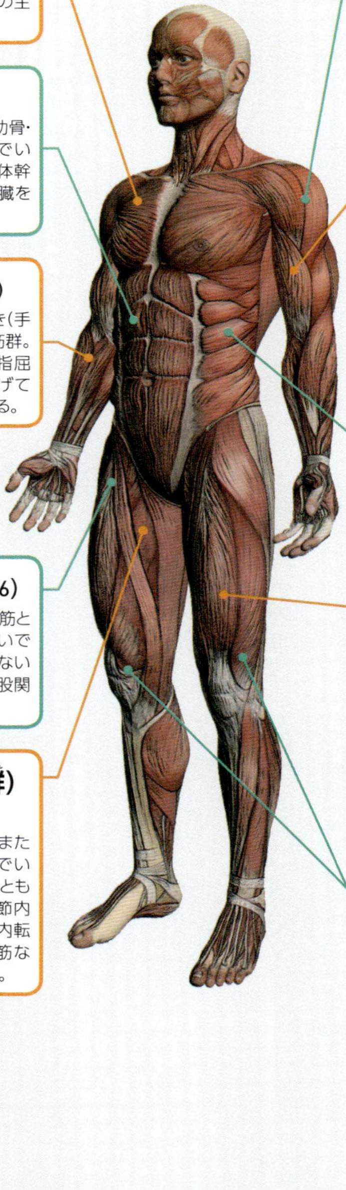

大胸筋《だいきょうきん》（➡P.36）

胸部の筋肉。肩関節をまたいで鎖骨・胸骨・肋骨（肋軟骨）と上腕骨をつないでいる。腕を水平面で前方に振る動き（肩関節水平内転）の主働筋として働く。

腹直筋《ふくちょくきん》（➡P.162）

腹部前面で割れている筋肉。肋骨・胸骨と骨盤（恥骨）をつないでいる。脊柱を前方に丸める動き（体幹屈曲）の主働筋として働く。内臓を保護する役割も担っている。

前腕屈筋群《ぜんわんくっきんぐん》（➡P.108）

手首を手の平側に曲げる動き（手関節屈曲）に働く前腕前面の筋群。前腕屈筋群の浅指屈筋と深指屈筋は、親指以外の4本指を曲げて手を握る動きの主働筋でもある。

腸腰筋《ちょうようきん》（※深部）（➡P.126）

股関節の深部前面にある大腰筋と腸骨筋の総称。股関節をまたいで脊柱および骨盤と大腿骨をつないでいる。脚を前方に振る動き（股関節屈曲）の主働筋として働く。

長内転筋《ちょうないてんきん》（内転筋群《ないてんきんぐん》）
（➡P.146）

太もも内側の筋肉。股関節をまたいで骨盤と大腿骨をつないでいる。同じ内転筋群の大内転筋とともに脚を内側に振る動き（股関節内転）の主働筋として働く。なお内転筋群の前側（長内転筋、恥骨筋など）は股関節屈曲動作にも働く。

三角筋《さんかくきん》（➡P.74・82）

肩を覆っている筋肉。肩関節をまたいで肩甲骨・鎖骨と上腕骨をつないでいる。三角筋の前部は腕を前方に振る動き（肩関節屈曲）、中部は腕を側方へ上げる動き（肩関節外転）、後部は腕を後方に振る動き（肩関節伸展）に主に働く。

上腕《じょうわん》二《に》頭筋《とうきん》（➡P.88）

力こぶをつくる上腕前面の筋肉。肩関節と肘関節をまたぐ二関節筋。肘を曲げる動き（肘関節屈曲）の主働筋。腕を前方に振る動き（肩関節屈曲）や前腕を外向きにひねる動き（前腕回外）にも働く。

外腹斜筋《がいふくしゃきん》（腹斜筋群《ふくしゃきんぐん》）
（➡P.170）

左右の脇腹表層にある筋肉。肋骨と骨盤をつないでいる。外腹斜筋の深部にある内腹斜筋とともに、脊柱を横に曲げる動き（体幹側屈）と、脊柱を反対方向へひねる動き（体幹回旋）に主働筋として働く。（※左の外腹斜筋は右への回旋動作に働く）

大腿直筋《だいたいちょっきん》（大腿《だいたい》四《し》頭筋《とうきん》）
（➡P.132）

太もも前面の中央部にある筋肉。膝関節と股関節をまたぐ大腿四頭筋で唯一の二関節筋。同じ大腿四頭筋の広筋群とともに膝を伸ばす動き（膝関節伸展）の主働筋として働く。大腿直筋は脚を前方に振る動き（股関節屈曲）にも働く。

広筋群《こうきんぐん》（大腿《だいたい》四《し》頭筋《とうきん》）
（➡P.132）

太もも前面の外側にある外側広筋、内側にある内側広筋、大腿直筋の深部にある中間広筋の3筋を広筋群という。広筋群はいずれも膝関節のみをまたぐ単関節筋。同じ大腿四頭筋の大腿直筋とともに膝を伸ばす動き（膝関節伸展）の主働筋として働く。

筋トレのターゲットとなる 全身

僧帽筋《そうぼうきん》（➡P.54・68）

背中の中央から上背部にかけて広がっている筋肉。肩甲骨・脊柱・鎖骨と頭部の後頭骨をつないでいる。上部は主に肩甲骨を上方に上げる挙上の動き、中部と下部は主に肩甲骨を内側に寄せる内転の動き、下部は肩甲骨を下げる下制の動きにそれぞれ主働筋として働く。僧帽筋全体では肩甲骨を内回りに回旋する上方回旋の動きの主働筋。

脊柱起立筋《せきちゅうきりつきん》（➡P.156）

脊柱の左右両側に一対で付着し、脊柱に沿って走行している細長い筋群の総称。最長筋群、腸肋筋群、棘筋群などがあり、脊柱を後方に曲げて背中を反らせる動き（体幹伸展）の主働筋として働く。一部の筋肉は体幹側屈や体幹回旋、さらには頸部の動きにも働く。

大殿筋《だいでんきん》（➡P.112）

お尻を形成する人体で最も体積が大きい筋肉。股関節をまたいで骨盤と大腿骨をつないでいる。脚を後方に振る動き（股関節伸展）の主働筋として働く。脚を付け根から外向きにひねる動き（股関節外旋）の主働筋でもある。さらに脚を内側に振る股関節内転や脚を側方に開く股関節外転の動きにも働く。

大内転筋《だいないてんきん》（内転筋群《ないてんきんぐん》）（➡P.146）

大内転筋は内転筋群で最も大きい筋肉。股関節をまたぎ、骨盤と大腿骨をつないでいる。太ももを内側に振る動き（股関節内転）の主働筋であり、ハムストリングに近い位置についているため股関節伸展動作にも働く。

腓腹筋《ひふくきん》（➡P.152）

ふくらはぎの膨らみを形成している筋肉。膝関節と足関節（足首）をまたぐ二関節筋。ヒラメ筋とともに足首を伸ばして足先を下方へ振る動き（足関節底屈）に主働筋として働く。膝を曲げる動き（膝関節屈曲）にも関わっている。

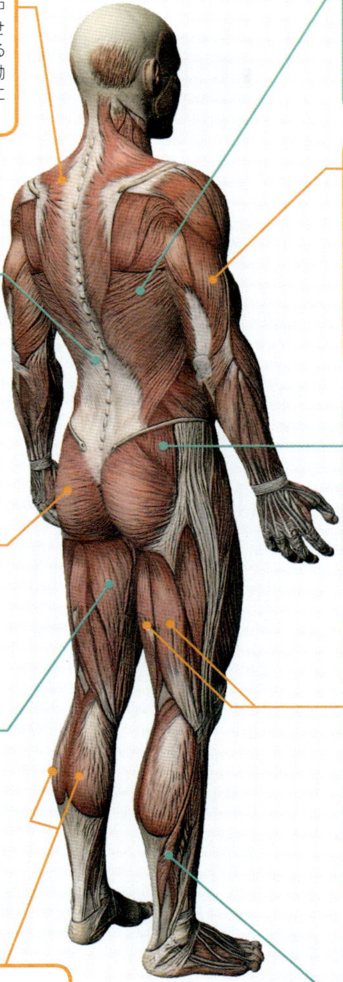

広背筋《こうはいきん》（➡P.54・62）

背中の下部から脇の下にかけて広がっている筋肉。肩関節をまたいで脊柱・骨盤と上腕骨をつないでいる。腕を後方に振る動き（肩関節伸展）、腕を内側へ振る動き（肩関節内転）、腕を水平面で後方へ振る動き（肩関節水平外転）の主働筋として働く。

上腕三頭筋《じょうわんさんとうきん》（➡P.96）

上腕後面の筋肉。外側頭と内側頭は肘関節のみをまたぐ単関節筋。長頭のみ肩関節と肘関節をまたぐ二関節筋。肘を伸ばす動き（肘関節伸展）の主働筋として働く。二関節筋の長頭は腕を後方に振る動き（肩関節伸展）にも働く。

中殿筋《ちゅうでんきん》（➡P.120）

お尻の側面にある筋肉。股関節をまたいで骨盤と大腿骨をつないでいる。脚を側方へ開く動き（股関節外転）、脚を付け根から内向きにひねる動き（股関節内旋）の主働筋として働く。

ハムストリング（➡P.138）

太もも裏の筋肉群。外側の大腿二頭筋と、内側の半膜様筋・半腱様筋からなる。3筋とも膝関節と股関節をまたぐ二関節筋（大腿二頭筋の短頭を除く）。膝を曲げる動き（膝関節屈曲）の主働筋であり、脚を後方に振る動き（股関節伸展）にも主働筋として働く。

ヒラメ筋《きん》（➡P.152）

大部分が腓腹筋に覆われている扁平な筋肉。足関節（足首）のみをまたぐ単関節筋。腓腹筋と一緒に、足首を伸ばして足先を下方へ振る動き（足関節底屈）に主働筋として働く。

本書の使い方

本書は、筋トレを行う目的や体力レベル、トレーニング環境等に適した種目を選択し、選んだ種目を正しく実践することによって、狙った効果が得られる構成となっています。

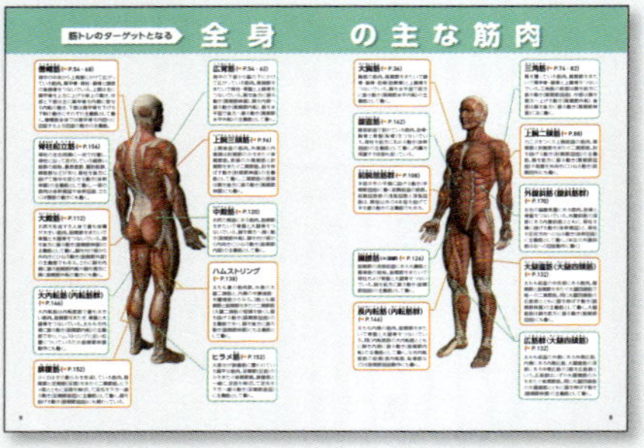

Contents（➡P.2～6）や**「筋トレのターゲットとなる全身の主な筋肉」**（➡P.8-9）を見て、自分が鍛えたい筋肉または部位について解説しているページを開く。

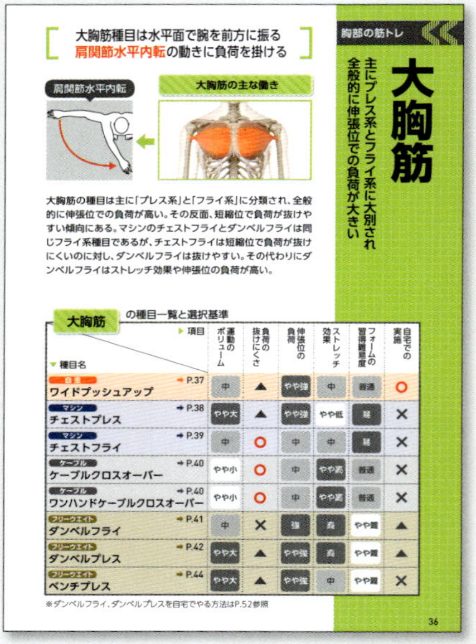
大胸筋種目は水平面で腕を前方に振る
肩関節水平内転の動きに負荷を掛ける

胸部の筋トレ

大胸筋

主にプレス系とフライ系に大別され全般的に伸張位での負荷が大きい

肩関節水平内転

大胸筋の主な働き

大胸筋の種目は主に「プレス系」と「フライ系」に分類され、全般的に伸張位での負荷が高い。その反面、短縮位で負荷が抜けやすい傾向にある。マシンのチェストフライとダンベルフライは同じフライ系種目であるが、チェストフライは短縮位で負荷が抜けにくいのに対し、ダンベルフライは抜けやすい。その代わりにダンベルフライはストレッチ効果や伸張位の負荷が高い。

大胸筋の種目一覧と選択基準

項目 / 種目名	運動のボリューム	負荷の抜けにくさ	伸張位の負荷	ストレッチ効果	フォームの習得難易度	自宅での実施
自重 ➡P.37 ワイドプッシュアップ	中	▲	やや強	中	普通	○
マシン ➡P.38 チェストプレス	やや大	▲	やや強	やや低	易	×
マシン ➡P.39 チェストフライ	中	○	中	中	易	×
ケーブル ➡P.40 ケーブルクロスオーバー	やや小	○	中	やや高	普通	×
ケーブル ➡P.40 ワンハンドケーブルクロスオーバー	やや小	○	中	やや高	普通	×
フリーウエイト ➡P.41 ダンベルフライ	中	×	強	高	やや難	▲
フリーウエイト ➡P.42 ダンベルプレス	やや大	▲	やや強	高	やや難	▲
フリーウエイト ➡P.44 ベンチプレス	やや大	▲	やや強	中	やや難	×

※ダンベルフライ、ダンベルプレスを自宅でやる方法はP.52参照

36

鍛えたい筋肉・部位についての解説を読む。さらに同ページに載っている筋トレ種目の評価表**「種目一覧と選択基準」**で各種目の特徴や長所・短所を見比べ、筋トレの目的を達成できそうな種目や体力レベルに合った種目または継続できそうな種目等を選択。

そこから選んだ種目の解説ページに飛ぶ。

※種目の選択基準や筋トレ種別ごとの特徴については序章（➡P.12～34）を参照

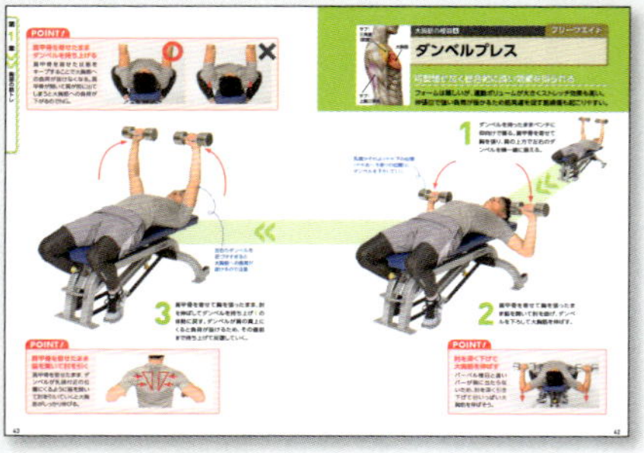

選んだ種目の解説ページを読み、その種目の特徴や得られる効果、動員される筋肉、正しいフォーム、効果的に行うための**「POINT」**等を理解し、実践に移る。

序　章

自分に合った筋トレ種目を選ぶ

筋トレは使用するアイテムによって種別が分けられ、同じ筋肉を鍛える種目でも種別ごとに特徴が異なる。筋トレを継続し、満足できる効果を得るためには、筋トレを実施する目的や自分の体力、生活環境などに適した種目を正しく選択することが重要となる。

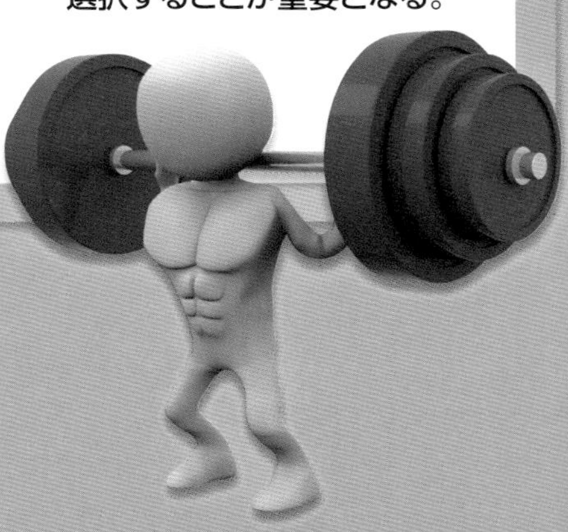

筋トレで得られるメリット

筋肥大と筋力アップはワンセットで得られる

筋力トレーニング、いわゆる「筋トレ」は、筋肉に負荷を掛けることで筋肉の成長を促《うなが》し（筋肥大）、それにともなって筋出力を高める（筋力アップ）トレーニング方法を指す。

筋トレにおける負荷の掛け方にはさまざまな方法があり、自分の体重を用いる方法をはじめ、バーベルやダンベルを用いる方法、チューブを用いる方法、マシンで行う方法などがある。

また原則的に**発揮できる筋力は、筋肉の太さ（筋断面積）に比例する**ため、筋トレによって得られる「筋肥大」と「筋力アップ」は密接に関係している。

太りにくい体質になる筋肥大の二次的効果

「筋肥大」で体の筋肉量が増えると、食べても太りにくい体に変化する可能性がある。

人間の体は運動とは関係なく生命維持活動で常時エネルギーを消費しており、この消費エネルギーを「基礎代謝」とよぶ。運動量が平均的な成人の場合、1日の総エネルギー消費量の約60%を基礎代謝が占めている。この基礎代謝量は筋トレによって増加するという報告がある（Brettら，1998）。

一方で、筋トレはほとんど基礎代謝量に影響しないという報告も出ているが、太りにくい体質に変わるという効果はゼロではないだろう。

さらに筋肉量が増えるとボディラインにメリハリが生まれ、男性は格好良い体に、女性はより美しい体になれる効果もある。

筋トレによる基礎代謝量の増加を調べた研究報告では「3カ月間の筋トレで1日当たりの基礎代謝量が100kcal増加した」という報告もある。(Brettら,1998)

筋力アップによって パワー、スピードが向上

「筋力」はスポーツの競技パフォーマンスに関わる重要な基礎体力要素のひとつである。

身体運動のエンジンとなる筋肉の出力は原則として「大きさ」で決まる。技術的要素が同じ場合、細い筋肉のまま筋出力を増やすことは理論上不可能。よってパワーを飛躍的に向上させるには筋肥大が必須となる。

さらに筋肥大・筋力アップはスピードの向上にもつながる。一般的に筋肉がつくとスピードは遅くなるとのイメージをもたれているがそれは誤った認識。

筋肥大によって筋出力が高まれば、それまで重く感じていた負荷が相対的に軽くなるため、一定の負荷を以前より素早く加速させることが可能になる。

加齢による体力の衰えを抑えることができる

人間は加齢によって体力が衰える。さらに体力が衰えることで運動量が減少し、さらに体力が衰えるという悪循環に陥《おちい》る。

しかし、筋トレによって筋力を維持または向上させれば、加齢による衰えに抗《あらが》い、若々しく健康的な生活を続けられる。

さらに、**筋トレには成長ホルモンやテストステロンなど重要なホルモンの分泌を促進する効果があり**、これらのホルモンには体を若返らせる作用がある。

スポーツをしない人であっても筋トレを行うことで得られる効果は非常に大きいといえる。

筋トレの目的と得られるメリット

筋肥大 ＝ 筋力アップ ― 筋トレの主な目的

↓

得られるメリット

外見的なメリット

- 太りにくい体になる
- ボディラインが格好良くなる

機能的なメリット

- スポーツにおけるパワー、スピードの向上
- 日常生活動作における運動機能の向上

筋発達のしくみ

筋肉にストレスを与えてホルモン分泌を促す

人間の身体には、ストレスが加わるとそのストレスに耐えられるように適応する能力が備わっている。**筋肉も大きなストレス（負荷）を繰り返し受けると、そのストレスに適応して太く発達する。**筋肉が太くなると筋力も向上するため、大きな負荷にも耐えられるようになる。これが筋発達のメカニズム。このメカニズムを応用し、筋肉にストレスを与えるのが筋トレである。

筋発達を引き起こすストレスは、次の4つに大別される。

筋トレで筋肉が成長するメカニズム

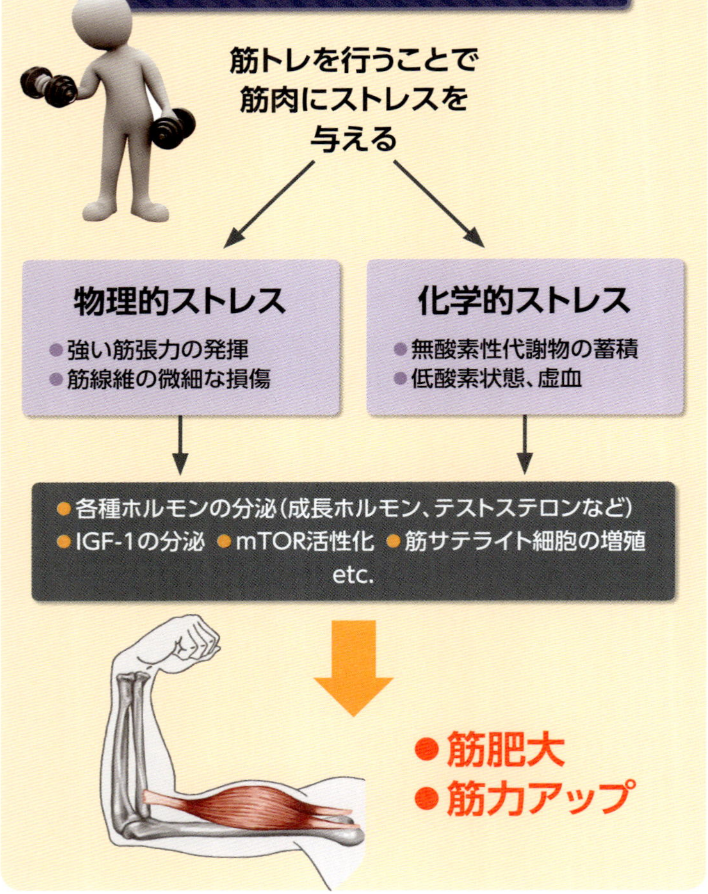

❶ 強い筋張力の発揮

筋肉が強い筋張力（収縮した筋肉が発揮する力）を発揮すると、その力を発揮すること自体が筋肉にとってストレスとなり、筋発達を促すシグナルとなる。逆に筋肉が筋張力のストレスを受けない状態が続くと衰えて細くなる。宇宙空間で生活している宇宙飛行士の筋肉が細くなるのも同様の理由である。

強い張力を発揮することが筋発達および筋肥大につながる要因として、「速筋線維」の動員が関係している。

筋肉を構成する筋線維には、瞬発系の速筋線維と、持久系の遅筋線維があり、**速筋線維のほうが筋肥大しやすい**性質をもっている。人間の身体は筋張力を発揮する際、遅筋線維から使われる性質があるため、**速筋線維を動員するためには、筋肉に強い力を発揮させる必要がある。**

筋トレによって筋発達および筋肥大を狙う場合は、筋肉に大きな負荷を与えて速筋線維を刺激することが重要なポイントのひとつとなる。

張力を発揮すること自体が筋肉のストレスとなる

筋肉が負荷に対し張力を発揮すること自体が、筋肉の発達を促すストレスとなり、筋肉を肥大させるためのシグナルが発せられる。

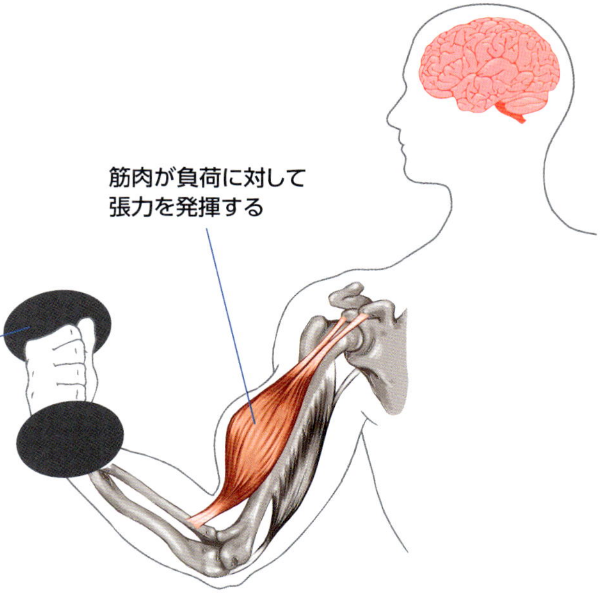
ダンベルの
重量が
筋肉への
負荷となる

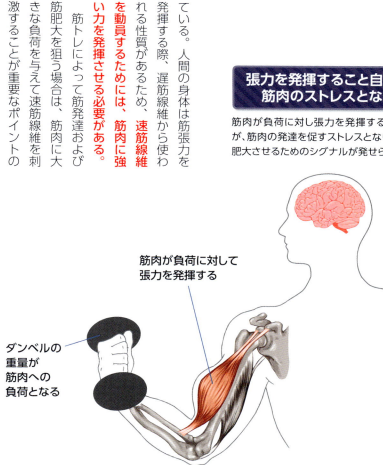

❷ 筋線維の微細な損傷

筋肉が収縮（筋収縮）して強い筋張力を発揮すると、筋線維（筋細胞）には微細な損傷が生じる。このミクロレベルの筋損傷も筋発達および筋肥大を促すシグナルとなる。

これは細胞の損傷によって起きる免疫反応などを経て、筋線維のもととなる筋サテライト細胞の増殖が促進されるため。筋サテライト細胞の増殖は筋線維の増大につながり、結果として筋肉をより太く、より強く成長させることができる。

筋線維の微細な損傷は「エキセントリック収縮（筋活動）」によって起こることがわかっている。エキセントリック収縮とは、筋肉が収縮して筋張力を発揮しながら、強い外力を受けて〝伸ばされている〟状態。

筋トレでいえば、**バーベルやダンベルを下ろす局面がエキセントリック収縮の局面**にあたる。筋トレではバーベルを挙げる動きだけでなく、下ろす動きも同じぐらい重要となる。

筋トレでは下ろす動き（エキセントリック収縮）の局面も重要

ダンベルカールでは下ろす局面でもダンベルの重みを受け止めながら、ジワジワとエキセントリック収縮させることで筋線維の微細な損傷が生じる。ダンベルを「ストン」と下ろしてしまうと、エキセントリック局面で十分な負荷がかからない。

MEMO

広い可動域で行うのが筋トレの基本

筋トレは極力広い可動域で行うのが基本。可動域を広くすると運動のボリュームが大きくなる。使用重量は小さくなるが、筋肉に掛かる実際の負荷が小さくなるわけではない。

❸ 無酸素性代謝物の蓄積

筋肉が収縮すると、乳酸をはじめ一酸化窒素、水素イオンといった無酸素性のエネルギー供給にともなう代謝物が体内に蓄積する。これらの代謝物の蓄積が筋肉のストレスとなり、成長ホルモンやテストステロンなど筋肥大を誘発する各種ホルモンの分泌を促進する。筋トレ直後に筋肉が一次的に膨張するパンプアップも無酸素性代謝物の蓄積によって起こるため、筋トレの達成度を推測する目安となる。

負荷がそれほど高くなくても、可動域の全域で負荷が抜けにくい種目や、インターバルの短いトレーニングでは、無酸素性代謝物が蓄積しやすい。

❹ 筋肉を低酸素状態にする

筋肉に力を入れた緊張状態が続くと、血管が圧迫されて血流が滞《とどこお》る影響により、筋肉への酸素供給が不足し、筋肉が低酸素状態となる。酸素不足の状態では、主に酸素を使ってエネルギー代謝を行う遅筋線維が動員されにくくなり、筋肥大しやすい速筋線維が優先的に動員される。加圧トレーニングはベルトで血流を制限し、筋肉への酸素供給を抑えるトレーニング法である。

筋肉を低酸素状態にするには、負荷を掛け続けて鍛える方法が有効。反復運動において脱力する局面をあまり作らず、筋肉が力を発揮し続ける種目やトレーニング方法が効果的となる。

負荷が抜ける種目と負荷が抜けにくい種目

ダンベルフライ（写真上）とマシンのフライ（写真右）は似ているように見えて負荷の掛かり方は大きく異なる。ダンベルフライでは両腕を閉じたフィニッシュの局面で負荷が抜けてしまうのに対し、マシンフライでは可動域の全域を通して一定以上の負荷が掛かるので、「③無酸素性代謝物の蓄積」や「④筋肉の低酸素状態」によるストレスをターゲットである大胸筋に与えやすい。

負荷（重量）、回数の設定

8～10回の反復が限界となる負荷で行う

筋トレを実施するうえでその効果を大きく左右するのがトレーニング変数（負荷強度、反復回数、セット間インターバル）の設定である。不適切な設定では得られる効果も小さくなる。

数々の研究結果をまとめたレビューによると、筋トレは8～10回が限界となる負荷（8－10RM）で行うと、最も筋発達効果が現れるとされている。

これは1回の反復が可能な最大重量（負荷）の約75～80％に相当する負荷強度となる。筋トレはこのレベルの負荷に設定して行うと最も効率良く筋発達効果を得られると考えてよい。

3セットを目安に限界まで力を出し切る

筋トレは、どの種目でも1セットだけ行うより、複数セット行うほうが高い効果を得られる。かといって筋トレにばかり時間を費《つい》やせるわけではないので、**初心者の場合は1種目あたり3セットを目安にしたい。**

トレーニングに慣れてきたら、1種目あたり4～5セット行ったり、同じ筋肉や部位をターゲットとする他の種目を追加し

効果的な筋トレの設定

（1種目を実施する際の設定例）

1セット目 ＝8-10RM

↓ インターバル3分以内

2セット目 ＝8-10RM

↓ インターバル3分以内

3セット目 ＝8-10RM

※3セット目が終わっても余力が残っている場合は、設定重量（負荷）を上げる

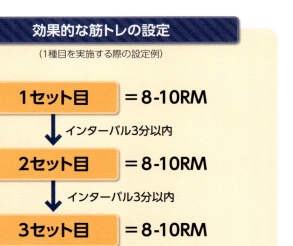

て行ったりして、無理のない範囲でトレーニング量を増やそう。

セット間インターバルは短めに1~3分程度で

セット間のインターバルは、短く1~3分程度に抑えるのが最も効果的であり、筋肥大を促す無酸素性代謝物の蓄積やホルモン分泌応答が大きくなる。インターバル時間に対する成長ホルモン分泌を検証した実験でも、3分間のインターバルより、1分間のインターバルで筋トレを行ったほうがホルモン分泌量が多いという結果が得られている。

ただし、運動のボリュームが大きい種目は、次のセットで疲労によりトレーニング強度が下がりやすいので、長めにインターバルを取っても良い。

負荷強度およびRMと筋トレ効果の関係

負荷強度（%1RM）	RM（数字は回数）	主たる効果	特徴
100	1	筋力アップ （※挙上技術など神経系の適応によるところが大きい）	反復回数が少ないと運動のボリュームが小さくなってしまうため筋肥大効果があまり得られない。
95	2		
93	3		
90	4		
87	5	筋肥大および筋力アップ	効率良く筋肥大効果が得られる設定レベル。特に「8-10RM」が筋肥大効果を得るには最適なレベルとなる。
85	6		
80	8		
77	9		
75	10－12		
70	12－15		
67	15－18		
65	18－20	筋持久力の向上	負荷強度が弱いため筋肥大効果があまり得られない。
60	20－25		
50	30－		

※「%1RM」とは1回の反復が限界となる負荷に対し、何%の負荷強度にあたるかを表す数値単位

出典：「FleckとKraemer,1987」より改変

筋トレ種目の選び方

ひとつの筋肉に対して多様な筋トレ種目がある

筋トレの種目にはそれぞれ種目ごとにターゲットとなる筋肉がある。さらに各筋肉には多種多様な鍛え方（種目）があり、種目によって負荷を掛ける体勢や動き方（フォーム）、使用する器具などが異なる。

ターゲットの筋肉が同じ種目でも、種目によって長所・短所が違うため、各種目の特徴を見極めたうえで自分に合った種目を選択することが望ましい。

本章では、筋トレ種目を選択するうえでひとつの基準となる5つの項目：「運動のボリューム」「負荷の抜けにくさ」「伸張位の負荷」「ストレッチ効果」「フォームの習得難易度」について解説する。この5項目を比較すると各種目の特徴が見えてくる（※「自宅での実施」は自宅で鍛えたい人向けの付属情報）。

筋トレでダイエットしたい人、高負荷で追い込み筋肥大したい人、適度な負荷で引き締まった体を作りたい人など、人によって筋トレに対するアプローチはさまざま。筋トレを行う目的や体力レベルに適した種目を選択することで継続性が高まり、的確に効果を得ることができる。

筋トレ種目の選択基準

種目選択基準	各選択基準の要点
運動のボリューム ➡ P.21	運動のボリュームが大きい種目ほど、動員される筋肉が多く、エネルギー消費量が大きい。
負荷の抜けにくさ ➡ P.22	負荷が抜けにくい種目ほど、筋肉内の代謝環境が過酷になり、化学的ストレスをより強く与えられる。
伸張位の負荷 ➡ P.23	筋線維が相対的に長い状態（伸張位）での負荷が強い種目ほど、筋発達の一因子である筋線維の微細な損傷を引き起こしやすくなる。
ストレッチ効果 ➡ P.24	一部の筋トレ種目では、筋トレ動作そのものを行うことで柔軟性（関節可動域の広さ）を高めるストレッチ効果が期待できる。
フォームの習得難易度 ➡ P.25	正しいフォームを習得するための難易度は筋トレ種目によって異なる。誤ったフォームで行うと狙った効果が得られない。
自宅での実施	自宅で実施できる種目は汎用性が高い。ジムに通わなくても実施できる種目は継続しやすい。

筋トレ種目の選択基準❶

運動のボリューム

筋トレ動作に対する消費エネルギー量の目安

ここでいう「運動のボリューム」とは、**反復1回あたりの筋トレ動作で消費されるエネルギー量**に相当する概念。各種目において**全身の筋肉群がトータルでどれだけ動員されるかを表す指標**であると考えれば良い。

運動時の消費エネルギーは原則として仕事量（力×移動距離）に比例する。そのため使用重量が大きい種目ほど、また同じ使用重量であれば移動距離が長い種目ほど、消費エネルギー量（運動のボリューム）は大きい。

一般的に、複数の関節を動かす多関節種目のほうが単関節種目より仕事量が大きくなるため、運動のボリュームも大きくなる。同様に上半身の種目より体積の大きい筋肉が集まっている下半身の種目のほうが運動のボリュームが大きくなる傾向にある。

運動のボリュームが大きい種目は、筋発達に関係するものを含む各種ホルモン分泌をより強く促進する。その一方で全身的な疲労が溜まりやすく、息切れなどで精神的にも辛《つら》く感じられやすいといった難点も。メニューを組む際は各種目のボリュームのバランスも考えよう。

太もも前面の大腿四頭筋を鍛えるレッグエクステンション（写真右）とバーベルスクワット（写真左）。レッグエクステンションが膝関節を伸ばすだけの単関節種目であるのに対し、スクワットは膝関節だけでなく股関節も伸展させる多関節種目であるため、稼働する筋肉が多く運動のボリュームも大きくなる。

筋トレ種目の選択基準❷

負荷の抜けにくさ

筋肉に負荷を掛け続けて化学的ストレスを与える

筋トレ動作中、筋線維が最も伸びた状態から最も短い状態になるまで、全範囲にわたって負荷が掛かり続けるとは限らない。種目によっては関節可動域の一部分で負荷が抜けてしまう。

例えば、スクワットで立ち上がった体勢や、サイドレイズで腕を下ろした体勢ではターゲットの筋肉に負荷が掛からない。

一方で、関節可動域の全域を通して負荷が抜けにくい種目もある。その代表例がケーブルクロスオーバーだ。この種目ではスタートの腕を引いた状態からフィニッシュの腕を前方に振った状態まで、ターゲットである大胸筋に一定以上の負荷を掛け続けながら動作ができる。

動作中に負荷が抜けないということは、P.14～17で解説した筋肉の「4つのストレス」のうち、「無酸素性代謝物の蓄積」や「低酸素状態」といった〝化学的ストレス〟を与える点で有利に働く。これは力を入れた状態が続くことで筋肉内の生理学的な環境が悪くなるため。**化学的ストレスの刺激を重視して筋発達を促したい場合は「負荷の抜けにくさ」を優先すると良い。**

胸の大胸部を鍛えるケーブルクロスオーバー。腕を上下ではなく横の軌道で振るため、大胸筋への負荷が特定のポジションで極端に抜けることがない。

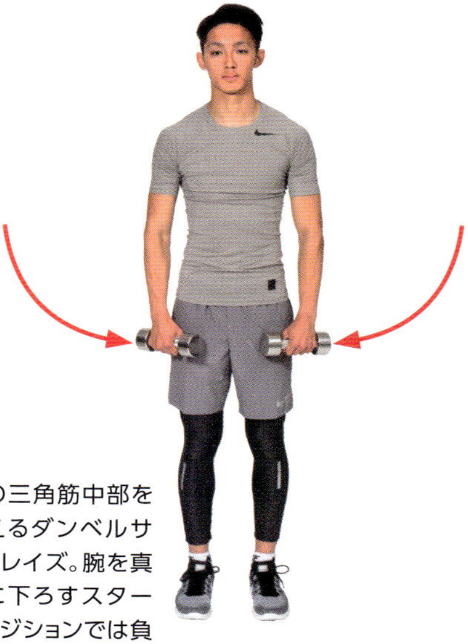

肩の三角筋中部を鍛えるダンベルサイドレイズ。腕を真下に下ろすスタートポジションでは負荷が抜けてしまう。

筋トレ種目の選択基準③

伸張位の負荷

伸びた筋肉に負荷を掛けて筋損傷を引き起こす

前述した通り、筋トレにおいて関節可動域の全域で負荷が掛かっているとは限らない。

裏を返せば多くの種目では、ターゲットの筋肉に対する負荷の強さも動作中のポジションによって変化する。それと同様に最も強い負荷が掛かる局面も各種目で異なり、「筋線維が比較的長い状態で最大負荷が掛かる種目」「筋線維が比較的短い状態で最大負荷が掛かる種目」、それらの「中間的な種目」の3タイプに分けられる。

本書では、種目選択の基準として特に重要な「筋線維が長い状態（伸張位）における相対負荷の大きさ」に着目して分類する。これは筋肉が長く伸びたポジションで筋張力を発揮するときほど、微細な筋損傷を起こしやすいという性質があるためだ（Ｎｏｓａｋａら，２０００）。

P.16で解説したように「筋線維の微細な損傷」は、筋肥大を促すストレスのひとつであり、**ターゲットとなる筋肉が伸びた伸張位での負荷が強い種目を選ぶことは、筋損傷のストレスによる筋発達の促進につながる。**

その反面、筋損傷は筋トレ翌日以降の筋肉痛の発生にも関係している。辛い筋肉痛を避けたいという人は、伸張位の負荷が強い種目をあえて外すという選択もありだといえよう。

三角筋後部を鍛えるダンベルリアレイズ。立って行うとダンベルを下ろした伸張位での負荷が弱くなる。しかし横向きに寝て行うとダンベルを下ろしても負荷が抜けなくなるため、伸張位の負荷も強くなる。

ストレッチ効果

筋トレの負荷を使って筋肉をストレッチする

筋トレの目的は、筋肉を発達させる筋肥大と、それにともなう筋力アップが基本となるが、一部の種目では付随して「ストレッチ効果」も期待できる。

ここでいうストレッチ効果とは、静的ストレッチの主目的である柔軟性向上、すなわち関節可動域を広げること。筋トレは「体が硬くなる」とのイメージをもたれているが、**種目によってはストレッチと同様の柔軟性アップが期待できる**というわけだ。

より大きなストレッチ効果を期待できるのは、筋肉が長く伸びる伸張位の限界付近まで関節が動かされる種目。代表例のひとつが太もも裏のハムストリングを強く伸ばして刺激するルーマニアンデッドリフトである。

静的ストレッチでは主に拮抗筋(反対方向の動きに働く筋肉)の力を使ってターゲットの筋肉を伸ばしていくが、**筋トレ種目の場合は自重やダンベルの重さ、マシンの負荷などを利用して筋肉を伸ばすことができる。**

自力で伸ばしていく静的ストレッチよりも、筋トレのほうが効率良く筋肉をストレッチできる面もあるといえるだろう。

ハムストリングを鍛えながら柔軟性も高める効果があるルーマニアンデッドリフト(写真右)。膝を少し曲げて上体を前傾するスタートポジションで太もも裏が強烈にストレッチされる。膝を伸ばしたまま上体を前傾するスティッフレッグドデッドリフト(写真左)は、ハムストリングをさらに強くストレッチできる種目。

筋トレ種目の選択基準⑤

フォームの習得難易度

習得難易度の低い種目は筋トレ初心者に最適

筋トレでターゲットとなる筋肉に効かせるためには、正しいフォームで行うことが大前提となるが、種目によって「フォームの習得難易度」は異なる。

全般的にマシンを用いる種目は他の種目よりもフォームの習得難易度が低い。マシンの構造によって腕や脚、上体を動かす軌道が決まっているため、意識しなくてもある程度正しいフォームで実施することができる。

とはいえマシントレーニングにも注意点が多々あるため、本書では種目ごとに実施する際のポイントを解説している。

一方、トレーニングチューブやケーブルマシンを使う種目、フリーウエイトのバーベル、ダンベルを用いる種目などはフォームの自由度が高いため、マシン種目に比べるとフォームの習得難易度が高い傾向にある。

特に立った状態で実施するフリーウエイト種目は、体のバランスを保つ必要があるためフォームの難易度がより高くなる。

また鍛える部位が肩甲骨や体幹、股関節周辺の種目になると、ターゲットである筋肉や部位の動きを意識することがやや難しくなるため、他の部位の種目よりも正しいフォームで実施する難易度が高い場合が多い。

筋トレ初心者は、フォームの習得難易度が低い種目を選んだほうがターゲットとなる筋肉に効かせやすい。さらに安定したフォームで安全に限界まで追い込めるメリットもある。

スクワットとほぼ同じ動きで太ももの大腿四頭筋、内転筋群とお尻の大殿筋を鍛えるレッグプレスのマシン。バーベルスクワットと同等の高負荷で実施しても安定したフォームで安全に限界まで追い込むことができる。

筋トレの種別と特徴

長所・短所が異なる5種類の筋トレ種別

数え切れないほど存在する筋トレ種目は、使用する器具によって種別を分類することができる。さらに**筋トレ種別ごとに長所・短所が異なる**ため、自分に合った筋トレ種目を選べるようになるには、まず各筋トレ種別の特徴を知ることから始めよう。

基本的に筋トレ種別は、器具を使わず自分の体重を負荷にする「自重トレーニング」、トレーニング用チューブを使う「チューブトレーニング」、トレーニングマシンで行う「マシントレーニング」、ケーブルマシンを使用する「ケーブルトレーニング」、ダンベルやバーベルを使う「フリーウエイトトレーニング」の5種類に大別できる。

筋トレのターゲットとなる筋肉のほとんどは、この5種類すべてで鍛えることが可能。

例えば、同じ筋肉でも「自重種目」で鍛えるのと、「マシン種目」で鍛えるのとでは、手軽さや扱える重量、得られる効果などが違ってくるため、ターゲットとなる筋肉によって筋トレの種別を変えたり、ひとつの筋肉を複数の種別で鍛えていったりする方法も有効である。

主な筋トレ種別と特徴

種別	主な長所	主な短所
自重トレーニング ➡ P.27	●ジムに行かなくてもできる ●安全に限界まで追い込める	●負荷の増減が難しい ●鍛えにくい部位がある
チューブトレーニング ➡ P.28	●ジムに行かなくてもできる ●負荷が抜けにくい	●伸張位の負荷が弱い ●ストレッチ効果が低い
マシントレーニング ➡ P.29	●フォームの習得難易度が低い ●安全に高重量で追い込める	●摩擦によりエキセントリック局面の負荷が下がる ●ジムに行かないとできない
ケーブルトレーニング ➡ P.30	●負荷が抜けにくい ●多方向から負荷を掛けられる	●摩擦によりエキセントリック局面の負荷が下がる ●ジムに行かないとできない
フリーウエイトトレーニング ➡ P.31	●運動のボリュームが大きい ●高重量で追い込める	●フォームの習得難易度が高め ●注意しないとケガにつながる ●ジムに行かないとできない

※フリーウエイトでもダンベル種目はダンベルがあれば自宅でも実施可能

筋トレ種別①

自重トレーニング

自宅で器具を使わず安全に筋肉を追い込める

腕立て伏せや腹筋など自分の体重を負荷にして行う筋トレを「自重トレーニング」とよぶ。

他のトレーニングにはない**自重トレーニング最大のメリットは器具を必要としないこと。**ジムに通う時間やお金がない人でも自重トレーニングなら自宅でお金をかけずに実施できる。

さらにダンベルやバーベルを落とすような心配もないため、**筋トレ初心者でも安全に限界まで追い込める**利点もある。

その一方で器具やマシンを使ったトレーニングとは異なり、負荷の大きさを細かく調節できないことが難点。負荷が軽くて十分な効果を得られなかったり、逆に負荷が重すぎて適切な回数をこなせなかったりする状況が生じるほか、筋力アップできてもそこから負荷を上げられないといった問題もある。そのような場合は、相対的な負荷の大きさを調整する工夫が必要となる。

本書では、両足で行う種目を片足で行ったり、安価なアイテムを購入して使用したり、自重トレーニングで負荷を増減するアイディアをいくつか解説しているので参考にすると良い。

プッシュアップ（腕立て伏せ）系の種目は、膝をついて行うことによって負荷を下げることができる。

筋トレ種別❷

チューブトレーニング

自宅で負荷を変えながら多種目に使える万能器具

「チューブトレーニング」は器具を使用するものの、自重トレーニングと同様に自宅で実施できるのが長所。出張先や旅行先にも手軽に持ち運びできる。

また持つ位置を変えて**チューブの長さを調節すれば、負荷を増減することも容易に可能であり、さらにチューブひとつで数多くの種目に応用できる**ため、非常に汎用性の高いトレーニングアイテムといえる。

トレーニング効果の面でいうと、チューブトレーニングは慣性の影響が小さいことから、可動域の一部で負荷が抜けることが少なく、結果として「無酸素性代謝物の蓄積」や「低酸素状態」といった化学的ストレスによる筋発達効果を狙いやすい。

その一方、チューブは長さによって張力が大きく変動する性質をもっているため、チューブが緩《ゆる》んで短い状態にあるスタートポジションでは、筋肉に掛かる負荷も相対的に小さくなる。

これは筋肉が力を発揮したまま伸ばされる「伸張位の負荷」が小さくなるということでもあるため、チューブトレーニングには筋肉の成長を促す一因子となる筋線維の微細な損傷が起こりにくいという欠点があることを意味している。

上腕前面の上腕二頭筋を鍛えるチューブアームカール。肘を曲げても負荷が抜けにくい。チューブは2mのロングタイプを使用すれば両腕を同時に鍛えられる。

筋トレ種別❸

マシントレーニング

高重量を扱っても安全に限界まで追い込める

「マシントレーニング」は、バーベルを使ったトレーニングと同等の**高重量を扱う場合でも、安全に実施できる**のが特徴。

またマシンの構造で動作の軌道が決まっているため、他のトレーニングに比べて**フォームの習得難易度が低く、ターゲットとなる筋肉や部位に効かせやすい**点も大きな長所といえる。

さらに、ほとんどのマシンはピンを差し替えるだけで簡単に重量を変更できるウエイトスタック式を採用しているため、セットごとに重量を変更する鍛え方も手間を掛けずに実施できる。

動作の軌道が安定する反面、レバーのジョイント部分やウエイトスタックのレール部分において摩擦が生じる影響で、重りを下ろす局面（エキセントリック収縮）の負荷が低減してしまう欠点も。マシンによって摩擦の影響は異なるが、エキセントリック収縮の局面でしっかり負荷を掛けることは筋発達を促すキーポイントであるため、マシントレーニングではこの点を考慮して行う必要がある。

総合的に見るとメリットの多いトレーニング法である。

肩の三角筋を鍛えるマシンショルダープレス（写真左）とバーベルバックプレス（写真右）。同等の高重量を扱う場合でもマシンのほうが安定したフォームで安全に限界まで追い込める。

筋トレ種別④

ケーブルトレーニング

あらゆる方向の動きに負荷を掛け続けられる

「ケーブルトレーニング」はマシントレーニングの一種であるが、本書ではケーブルを引くマシン種目をすべてケーブル種目として別に分類している。

マシントレーニングと同様に重量の変更が簡単であり、安全に筋肉を追い込めるのが長所。さらに、通常のケーブルマシンはケーブルの起点の位置を変えることで、重力の作用方向にとらわれず、あらゆる方向の動きに負荷を掛けて鍛えることが可能。そのためフリーウエイトトレーニングや自重トレーニングなどでは鍛えにくい部位まで負荷を掛けられる強みもある。

負荷に対する重力の影響が小さいため、**関節可動域の全域を通して負荷が抜けにくいという長所もあり、化学的ストレスによる筋発達効果を得ることに適したトレーニング法**といえる。

しかし、ケーブルトレーニングは動作の軌道が自由になる反面、マシンを使ったトレーニングの中ではフォームがやや難しい傾向にある。もうひとつマシントレーニングと同様に、摩擦による影響でエキセントリック局面の負荷が低減してしまう欠点もあるため、摩擦が大きいと感じるケーブルマシンを使用する際はその点を注意しよう。

大胸筋上部を鍛える斜め上方向へのケーブルクロスオーバー。ケーブルの起点を遠くすることで力の作用方向が斜めの向きになるため、動作の最後まで負荷が抜けない。

筋トレ種別⑤

フリーウエイトトレーニング

高重量で鍛えられて動員される筋群が増える

筋トレの王道ともいえるのがダンベルやバーベルを使う「フリーウエイトトレーニング」。慣れれば高重量を扱うことが可能となり、マシン種目のように摩擦でエキセントリック局面の負荷が低減することもない。

さらにフリーウエイト種目は**動員される筋群が多く、運動量のボリュームも大きくなりやすい。全身に掛かる全身性ストレスも大きくなるため、それにともなうホルモン分泌の刺激による筋発達の促進も期待できる。**

ジムへ通える環境にあり、かつ高いトレーニング効果を求める人は、フリーウエイトの種目を取り入れると良い。

一方、フリーウエイト種目は動作の軌道が自由でフォームの習得難易度がやや高いため、フォームが崩れて効果が下がる場合も少なくない。さらに注意して実施しないとケガにつながりやすいというデメリットもある。

一般的にフリーウエイト種目は、〝筋トレ上級者向け〟とのイメージをもたれているが、無理な重量を設定しなければ決して危険ではない。女性や初心者でも気後《おく》れせずトライしてみよう。

デッドリフト（写真左）やバーベルスクワット（写真右）など、立った状態で高重量を扱うフリーウエイト種目は、軌道が自由であるため、ターゲットの筋肉以外にも多くの筋群が動員される。

筋トレ効果を高めるテクニック

❶ 股関節の動きと体幹の動きを区別する

「股関節」は、脚の付け根にあたり、股関節の動きとは骨盤に対する太ももの動きを指す。

一方、「体幹」とは、胴体部分のことであり、体幹の動きとは骨盤よりも上の脊柱《せきちゅう》（背骨）部分の動きのこと。胴体が途中から前後左右に曲がったり、ひねられたりする動きを指す。

股関節と体幹では、動きのしくみも主働筋もまったく異なる。混同されている場合が多いので、筋トレの目的に応じて両者をしっかり区別する必要がある。

❷ 肩甲骨の動きをコントロールする

「肩甲骨《けんこうこつ》」は、腕の付け根である肩関節の土台であり、肋骨《ろっこつ》の背面をスライドするように動かせる。すなわち腕は肩から先だけではなく、土台の肩甲骨自体から動かすことができる。

肩甲骨の動きには、主に「上下」「左右」「回転」の3つがある。腕を振る肩関節の動きには、肩甲骨の動きが密接に関わっているため、**肩まわりの筋トレを行う場合、目的に応じて肩甲骨の動きを適切にコントロールする**こと（肩甲骨を動かす、意識

❸ 二関節筋の特性を理解して鍛え分ける

筋肉には〝伸ばされると動員されやすくなる〟性質がある。2つの関節をまたぐ二関節筋を鍛える場合は、その性質を利用することがポイントとなる。

例えば、上腕二頭筋は肘を曲げる動きと、腕を前方に振る動き（肩関節屈曲）に働く二関節筋であるため、腕を後方に振って行う「インクラインカール」では上腕二頭筋がより伸ばされ、単関節筋の上腕筋《じょうわんきん》や腕橈骨筋《わんとうこつきん》よりも動員されやすくなる。

反対に、腕を前方に振って行

背中（脊柱）を反らせる動きで脊柱起立筋を鍛える「体幹バックエクステンション」。スタートでは股関節を固定したまま、脊柱を丸めて頭部を下げる。

股関節から上体を起こす動きで大殿筋とハムストリングを鍛える「股関節バックエクステンション」。スタートでは股関節を屈曲して上体を下げる。

的に固定するなど）がターゲットの筋肉を動員させるための重要なポイントとなる。

肩甲骨の動き

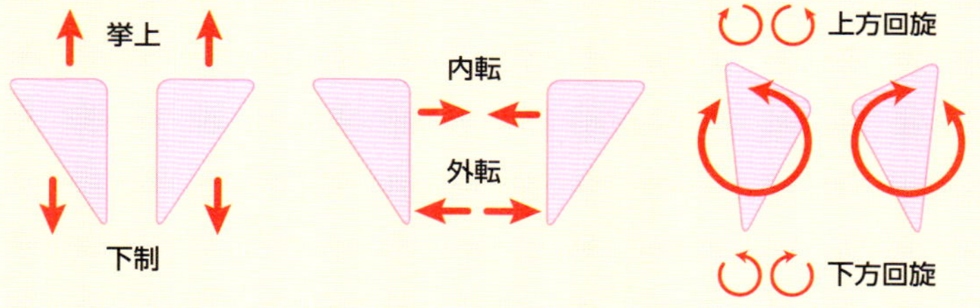

う「マシンアームカール」では、上腕二頭筋は緩んで動員されにくくなり、上腕筋や腕橈骨筋の貢献度が相対的に高まる。このように二関節筋の特性を生かせば、単関節筋との鍛え分けも可能となる。

インクラインカールは腕を後方に振って上腕二頭筋が伸ばされた状態で肘を曲げるため、上腕二頭筋の貢献度が高まる。

マシンアームカールは腕を前方に振った状態で肘を曲げるため、単関節筋である上腕筋と腕橈骨筋の貢献度が高まる。

筋肉への刺激を変える

筋肉が同じ刺激に慣れると筋トレ効果は低下する

本章では、筋トレ種目の選択基準や種別ごとの特徴について解説してきたが、各筋肉に対して1種目に絞って選択することを推奨しているわけではない。

ひとつの種目を選んで継続的に実施した場合、筋発達効果を得ることはできても、その効果が長く続くとは限らない。

筋肉に対し、同じ種目で同じ刺激を与え続けると、筋肉が刺激そのものに慣れてしまい、筋発達が鈍くなる可能性もある。さらに、同じ動きに飽《あ》きてしまってモチベーションの低下にもつながりかねないため、**ひとつの筋肉に対して異なる種目で刺激を与えることも有効となる。**

例えば、胸の大胸筋をフリーウエイト種目で鍛えている人であれば、毎月1回だけより負荷が抜けにくいケーブル種目に切り換えたり、疲労を感じる日だけ最終セットをマシン種目に切り換えて安全に追い込んだりして刺激を変えてみると良い。

ほかにも大胸筋を週2回鍛えているという人は、異なる種目を週1回ずつ実施する方法もある。また大胸筋を週1回複数種目で追い込んでいるという人であれば、定期的に種目の組み合わせや実施する順番を変更してみるのも刺激を変えるうえでは有効といえるだろう。

広背筋の側部を中心に鍛えるワイドグリップチンニング。同じ広背筋側部を鍛えるマシン種目やケーブル種目とは刺激が異なる。

第1章

胸部の筋トレ

胸部のトレーニングは、胸板を形成する大胸筋を全体と上部に分けて鍛えていく。筋トレの種別ごとにさまざまな鍛え方があるので自分に合った種目を選択しよう。

大胸筋

主にプレス系とフライ系に大別され全般的に伸張位での負荷が大きい

大胸筋種目は水平面で腕を前方に振る肩関節水平内転の動きに負荷を掛ける

肩関節水平内転

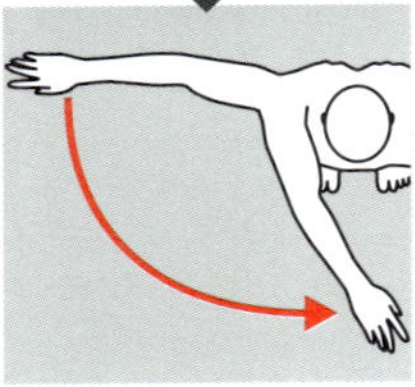

大胸筋の主な働き

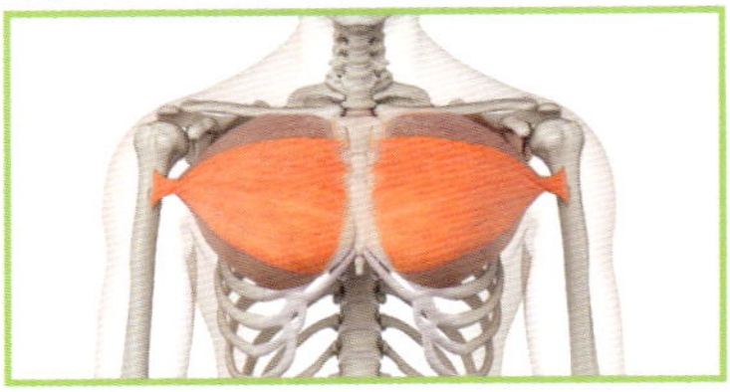

大胸筋の種目は主に「プレス系」と「フライ系」に分類され、全般的に伸張位での負荷が高い。その反面、短縮位で負荷が抜けやすい傾向にある。マシンのチェストフライとダンベルフライは同じフライ系種目であるが、チェストフライは短縮位で負荷が抜けにくいのに対し、ダンベルフライは抜けやすい。その代わりにダンベルフライはストレッチ効果や伸張位の負荷が高い。

大胸筋の種目一覧と選択基準

▼種目名 ／ ▶項目	運動のボリューム	負荷の抜けにくさ	伸張位の負荷	ストレッチ効果	フォームの習得難易度	自宅での実施
自重 ワイドプッシュアップ ➡P.37	中	▲	やや強	中	普通	○
マシン チェストプレス ➡P.38	やや大	▲	やや強	やや低	易	×
マシン チェストフライ ➡P.39	中	○	中	中	易	×
ケーブル ケーブルクロスオーバー ➡P.40	やや小	○	中	やや高	普通	×
ケーブル ワンハンドケーブルクロスオーバー ➡P.40	やや小	○	中	やや高	普通	×
フリーウエイト ダンベルフライ ➡P.41	中	×	強	高	やや難	▲
フリーウエイト ダンベルプレス ➡P.42	やや大	▲	やや強	高	やや難	▲
フリーウエイト ベンチプレス ➡P.44	やや大	▲	やや強	中	やや難	×

※ダンベルフライ、ダンベルプレスを自宅でやる方法はP.52参照

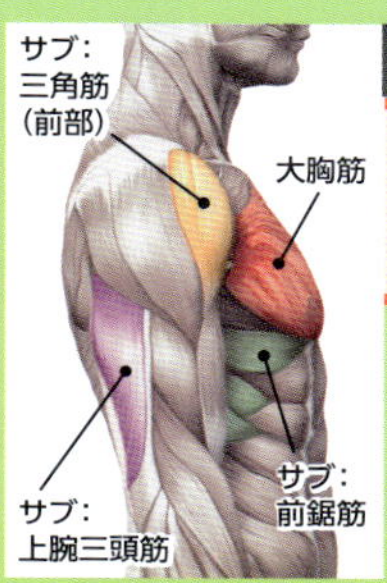

大胸筋の種目1

自重

ワイドプッシュアップ

手幅を広げて大胸筋に負荷を掛ける腕立て伏せ

手幅を広げることで大胸筋をメインで鍛えられる自重トレーニング。プッシュアップバーを使うとより広い可動域で大胸筋を追い込める。

EASY

両膝をついて行う

この種目がキツいという人は両膝をついて行う方法で負荷を下げれば良い。

1 手幅を肩幅より広くして腕立て伏せの体勢を作る。このとき全身を一直線にした状態でキープする。

2 胸を張って肩甲骨を寄せながら肘を曲げて上体を沈める。そこから再び肘を伸ばして体を持ち上げ1の体勢に戻る。動作中は全身を一直線にしたままキープする。

POINT!

胸を張って上体を沈める

胸を張って上体を沈めることで大胸筋が伸ばされる。プッシュアップバーを使うと肩関節水平内転の可動域が広がるため、大胸筋をより強く伸ばせる。

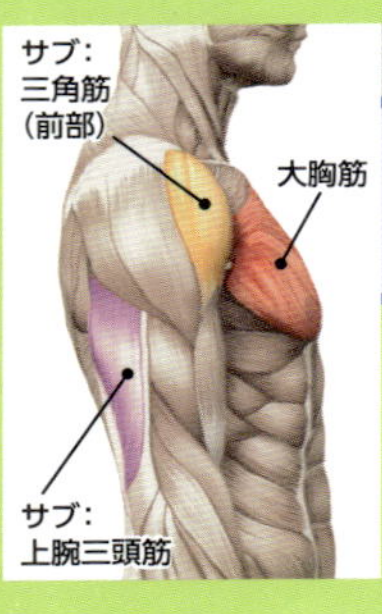
サブ：
三角筋
（前部）
大胸筋
サブ：
上腕三頭筋

大胸筋の種目2

マシン

チェストプレス

腕の軌道が安定するため大胸筋に効かせやすい

運動のボリュームも伸張位の負荷も高く、筋発達効果を得やすい。筋トレ初心者でも大胸筋を安全に高負荷で追い込める優良な種目。

1 バーの外側を持ち、胸を張って肘を後方に引いて大胸筋を伸ばす。肘を引いても負荷が抜けない位置にバーをセットすることが重要。

バーの外側を持つことで
大胸筋中心に負荷が掛かる

2 胸を張って肩甲骨を寄せたままバーを前方に押し出す。バーの軌道が決まっているため、スムーズに腕が前方へ振られる動き（肩関節水平内転）となり、大胸筋がダイレクトに使われる。

肩甲骨を寄せた状態を
キープすることで
大胸筋への負荷が
抜けなくなる

POINT！

手が肩より少し低くなる高さにシートをセット

バーを持った手が肩より少し低い位置にあると、主に大胸筋の働きで腕を横から前方へ振る動きになる。

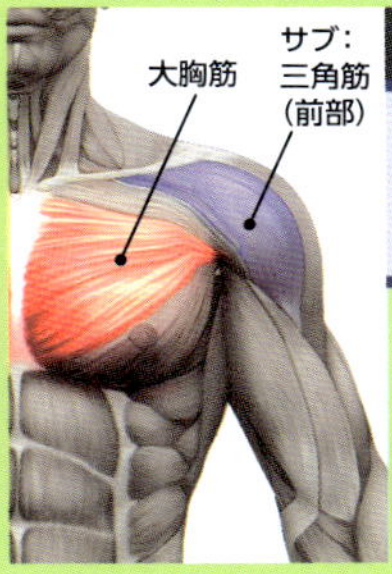
大胸筋
サブ：
三角筋
（前部）

大胸筋の種目3

マシン

チェストフライ

最後まで負荷を抜かずに大胸筋を追い込める

腕を閉じたフィニッシュのポジションでも負荷が抜けないのが長所。化学的ストレスを中心とした筋発達を促す刺激を筋肉に与えられる。

1 バーを握り、胸を張って肩甲骨を寄せながら両腕を左右に開いて大胸筋を伸ばす。両腕を開いても負荷が抜けない位置にバーをセットすることが重要。

軽く曲げた肘を
後方に引いて
大胸筋を伸ばす

2 肘を軽く曲げた状態をキープしたまま左右のバーを内側に振る。このとき肘を曲げすぎると肩関節の可動域が狭くなり大胸筋への負荷も下がるので注意。

肘を軽く曲げたまま
左右のバーを閉じる

POINT!

腕を閉じた状態で1～2秒キープする

両腕を閉じたフィニッシュの状態で1～2秒間キープすると、負荷が抜けにくいこの種目の長所を生かして大胸筋をさらに追い込める。

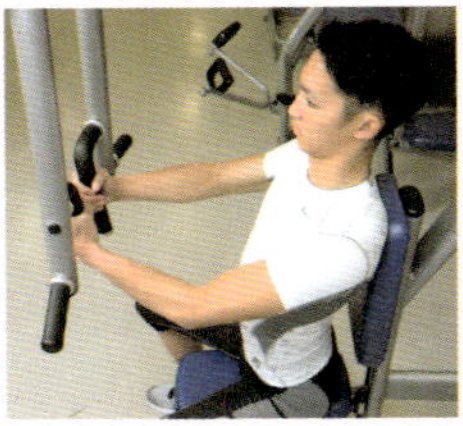

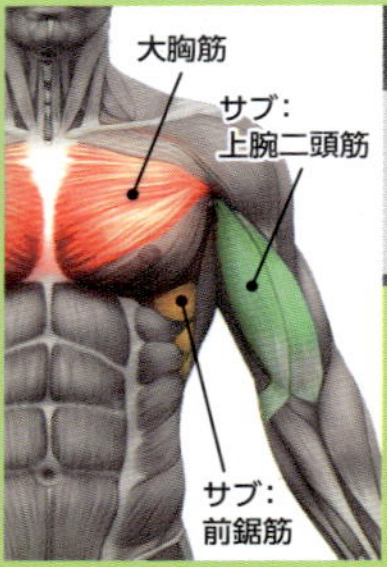

大胸筋の種目4

ケーブル

ケーブルクロスオーバー

負荷が抜けにくくストレッチ効果も高い

肩甲骨の動きが自由になることで、肩関節を広い可動域で動かせる。扱える重量は軽くなるが、負荷を抜かずに大胸筋を追い込める種目。

1 ケーブルの起点を左右離して高い位置にセットする。グリップを握り、胸を張って肩甲骨を寄せながら、肘を軽く曲げた状態で後方に引き大胸筋を伸ばす。肘を深く引いても負荷が抜けない位置に立つことがポイント。

2 肘を軽く曲げた状態をキープしたまま左右の手を胸の前で合わせる。フィニッシュの状態で1～2秒キープすると、負荷が抜けにくいという長所をより強調して大胸筋を追い込むことができる。

バリエーション

ワンハンドケーブルクロスオーバー

片手で行うバリエーション。両手で行う場合より腕をより深い位置まで振ることができるため、大胸筋をより強く収縮させて追い込める。空いている手で胸の収縮を確認しながら行うと良い。

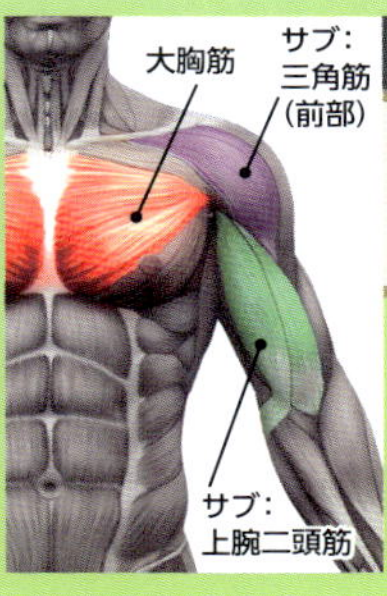
大胸筋
サブ：三角筋（前部）
サブ：上腕二頭筋

大胸筋の種目5

フリーウエイト

ダンベルフライ

伸張位の負荷とストレッチ効果が高い種目

大胸筋が伸ばされるスタートの伸張位で強い負荷を掛けられる種目。負荷が抜けやすい欠点はあるが、高いストレッチ効果も得られる。

NG

肘が曲がりすぎる

両腕を開くときに肘を曲げすぎると、プレス系種目の動きになる。限界まで追い込む場合には肘を曲げるフォームで回数を追加する工夫も有効となる。

3 肩甲骨を寄せたまま、肘を軽く曲げた状態で両腕を閉じていき1の体勢に戻す。左右のダンベルは負荷が抜けるのでくっつけない。

胸を張ったまま
両腕を閉じていく

2 肩甲骨を寄せたまま肘を軽く曲げた状態で両腕を真横に開き、大胸筋を伸ばす。このポジションが伸張位となる。

胸を張ったまま
両腕を大きく開く

1 ダンベルを持ったままベンチに仰向けで寝る。肩甲骨を寄せて胸を張り、肩の上方で左右のダンベルを支える。

大胸筋の種目6　フリーウエイト

ダンベルプレス

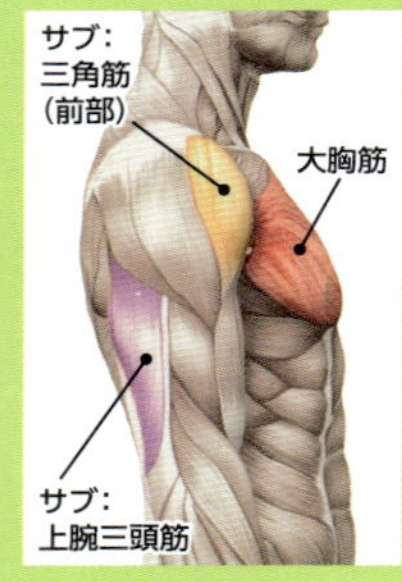
サブ：
三角筋
（前部）
大胸筋
サブ：
上腕三頭筋

可動域が広く総合的に高い効果を得られる

フォームは難しいが、運動ボリュームが大きくストレッチ効果も高い。伸張位で強い負荷が掛かるため筋発達を促す筋損傷も起こりやすい。

1 ダンベルを持ったままベンチに仰向けで寝る。肩甲骨を寄せて胸を張り、肩の上方で左右のダンベルを横一線に揃える。

乳頭かそれよりやや下の位置
（ややおへそ寄りの位置）に
ダンベルを下ろしていく

2 肩甲骨を寄せて胸を張ったまま脇を開いて肘を曲げ、ダンベルを下ろして大胸筋を伸ばす。

POINT!

肘を深く下げて大胸筋を伸ばす

バーベル種目と違いバーが胸に当たらないため、肘を深く引き下げて目いっぱい大胸筋を伸ばそう。

POINT!

肩甲骨を寄せたまま ダンベルを持ち上げる

肩甲骨を寄せた状態をキープすることで大胸筋への負荷が抜けなくなる。肩甲骨が開いて肩が前に出てしまうと大胸筋への負荷が下がるのでNG。

左右のダンベルを近づけすぎると大胸筋への負荷が抜けるので注意

3 肩甲骨を寄せて胸を張ったまま、肘を伸ばしてダンベルを持ち上げ 1 の体勢に戻す。ダンベルが肩の真上にくると負荷が抜けるため、その直前まで持ち上げて反復していく。

POINT!

肩甲骨を寄せたまま 脇を開いて肘を引く

肩甲骨を寄せたまま、ダンベルが乳頭付近の位置にくるように脇を開いて肘を引いていくと大胸筋がしっかり伸びる。

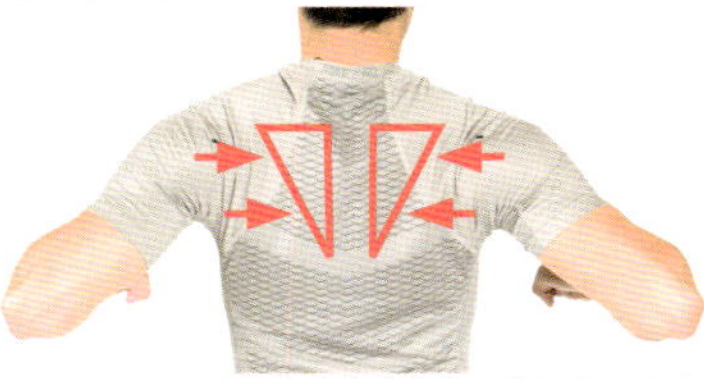

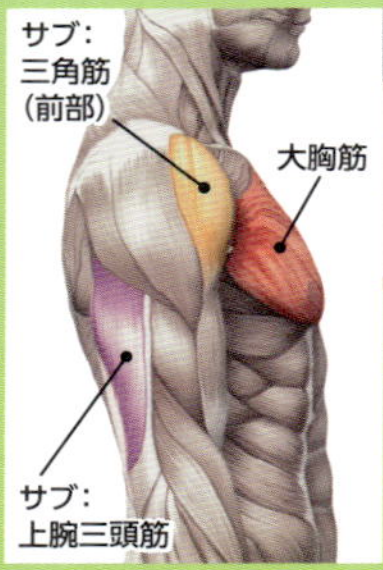

大胸筋の種目7

フリーウエイト

ベンチプレス

高重量で追い込める大胸筋の代表的種目

フォームはやや難しいが高重量を扱えて運動のボリュームが大きい。大胸筋を追い込みながら三角筋の前部や上腕三頭筋も鍛えられる。

1 ベンチプレス用ベンチに仰向けで寝て、肩幅の1.5倍程度の手幅でバーを握る。そこから肩甲骨を寄せて胸を張り、ラックからバーを外してセットする。

2 肩甲骨を寄せて胸を張ったまま肘を曲げていき、体に触れるぐらいまでバーをしっかり下ろして大胸筋を強く伸ばす。

NG

お尻が浮き上がる

お尻がベンチから浮くと可動域が狭くなる。高重量を挙げられるようにはなるものの、それは筋力アップによるものではないことを認識しよう。

POINT!

前腕の延長線上にバーを乗せる

バーは前腕の延長線上で持つ。手首が返ってバーが前腕の延長線から外れると手首のケガにもつながるので注意する。

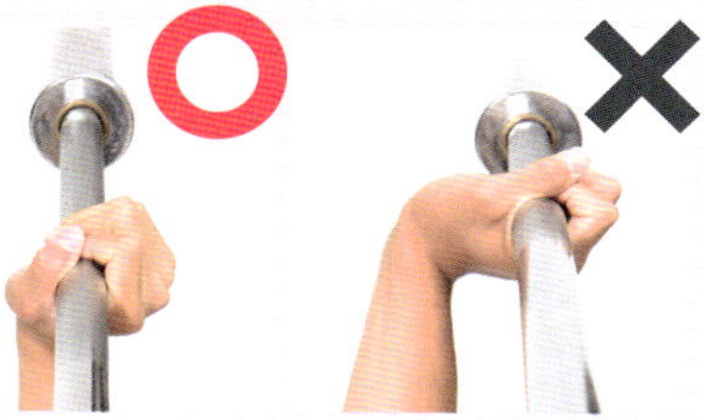
○
×

CYBEX
肩甲骨を寄せて
肩を引いたまま
バーを挙上する

3 肩甲骨を寄せて胸を張ったまま、肘を伸ばしてバーを挙上し**1**の体勢に戻す。お尻を浮かさずに挙げる。

POINT!

乳頭かややその下の位置にバーを下ろしていく

バーを乳頭より上の位置に下ろすと脇が大きく開いて肘が体から離れすぎてしまい、不自然な動作となる。バーは乳頭付近に下ろすことで大胸筋が自然に使われる。

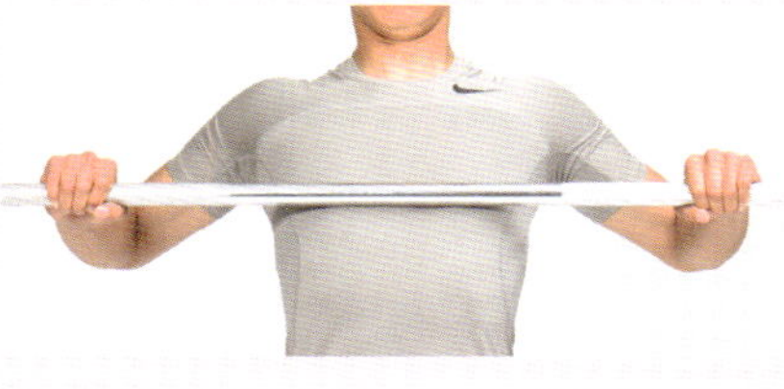

大胸筋（上部）

腕を振る方向を斜め上向きにすることで大胸筋の主に上側を鍛えていく

斜め上方向への水平内転に負荷を掛け 大胸筋の上部をピンポイントで鍛える

大胸筋（上部）の主な働き

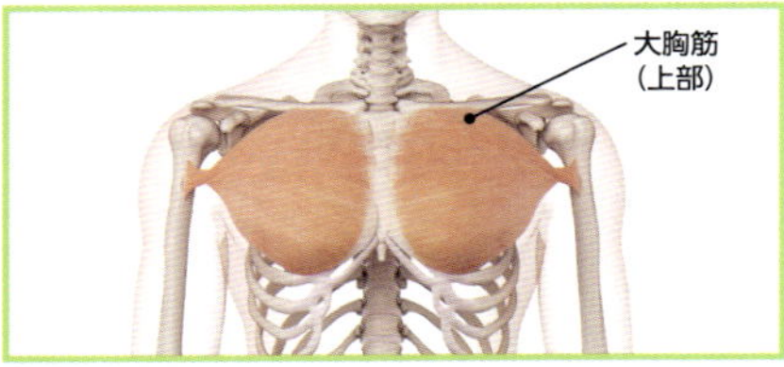

肩関節 水平内転（斜め上方向）

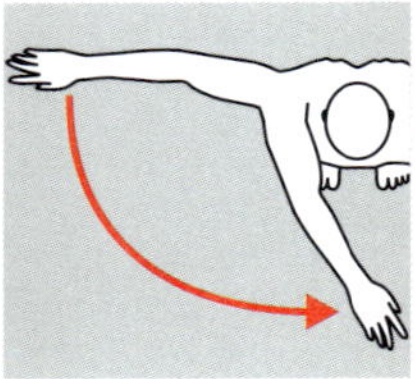

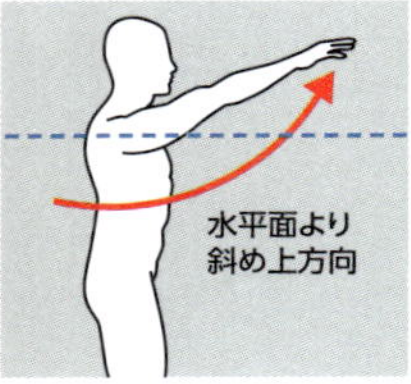

一般的な大胸筋の種目は、上部の筋線維への刺激が弱いため、胸の上側をより発達させたい人は上部向けの種目を行うと良い。各種目の評価内容は大胸筋の同系種目に準じているが、デクラインワイドプッシュアップは頭部が邪魔になって可動域を広げにくくなるためストレッチ効果が低くなる。いずれの種目においても、上体の設定角度が高くなると三角筋前部の貢献度が高くなり、逆に上体の角度が低くなると大胸筋中部の貢献度が高くなるため、上体の角度は大胸筋の上部がしっかり伸展・収縮する角度にして行うことが重要なポイントとなる。

大胸筋（上部）の種目一覧と選択基準

▶項目 / ▼種目名	運動のボリューム	負荷の抜けにくさ	伸張位の負荷	ストレッチ効果	フォームの習得難易度	自宅での実施
自重 →P.47 デクラインワイドプッシュアップ	中	▲	やや弱	低	普通	○
マシン →P.48 スミスインクラインベンチプレス	中	▲	やや強	中	やや易	×
ケーブル →P.49 ケーブルクロスオーバー（斜め上方向）	やや小	○	中	やや高	普通	×
フリーウエイト →P.50 インクラインダンベルプレス	中	▲	やや強	高	やや難	×

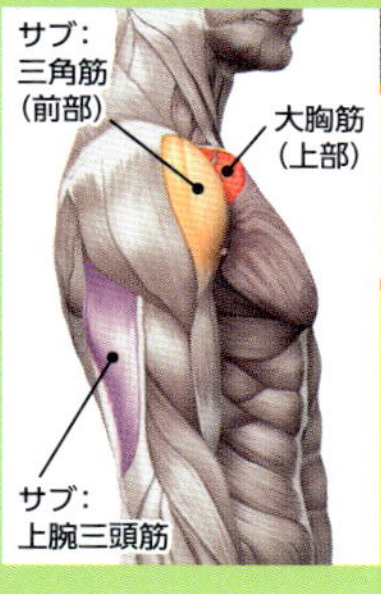

大胸筋（上部）の種目1

自重

デクラインワイドプッシュアップ

足を高くして負荷を高めつつ大胸筋上部に効かせる

通常の腕立て伏せよりも自重の負荷が大きくなることが長所であり、なおかつ大胸筋上部の貢献度を高められるという特徴も併せもつ。

1 イスに足先を乗せ、手幅を肩幅より広くして腕立て伏せの体勢を作る。このとき全身を一直線にした状態でキープする。

NG

お尻が下がる

上体を沈めるときにお尻が下がると上体が前傾せず大胸筋上部に効かなくなるのでNG。

2 胸を張って肩甲骨を寄せながら肘を曲げて上体を沈める。そこから再び肘を伸ばして体を持ち上げ1の体勢に戻る。動作中は全身を一直線にしたままキープする。プッシュアップバーを使うと頭部が床に当たらないため大胸筋上部をより強く伸ばせる。

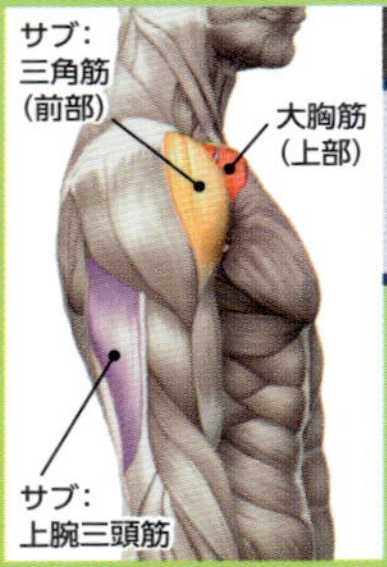

大胸筋（上部）の種目 2

マシン

スミスインクラインベンチプレス

上体を後傾して大胸筋上部に効かせるベンチプレス

高重量を扱うことができて、伸張位で強めの負荷を掛けられるが、摩擦の影響でエキセントリック局面の負荷が低減することが難点。

POINT!

バーを鎖骨付近に下ろしていく

バーを鎖骨付近に下ろしていくと大胸筋上部の筋線維の走行方向と動きの方向が一致する。バーが下りる位置はベンチを前後に動かして調節する。

1 ベンチの背もたれを45度前後の角度にセットし、肩幅の1.5倍程度の手幅でバーを握る。そこから肩甲骨を寄せて胸を張り、ラックからバーを外して体に軽く触れるまで下ろす。スミスマシンはバーの落下防止ストッパーがあるので高重量も扱いやすい。

2 肩甲骨を寄せたまま肘を伸ばしてバーを挙上し1の体勢に戻す。上体が後傾しているためバーを挙上すると自然に斜め上方向への肩関節水平内転の動きになる。

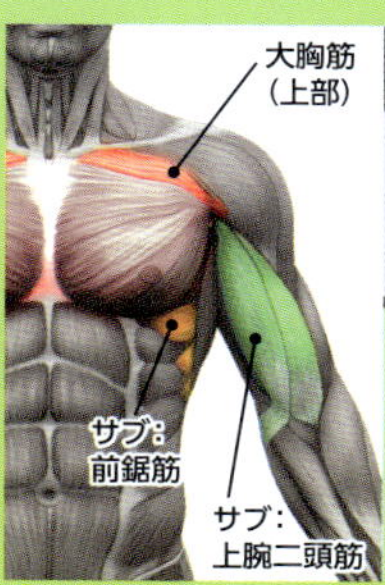

大胸筋（上部）の種目3

ケーブル

ケーブルクロスオーバー（斜め上方向）

負荷を抜かずに大胸筋上部を追い込める

ケーブルを下から上へと引いて斜め上方向に肩関節を水平内転する。動作後半まで負荷が抜けないのが長所であり、ストレッチ効果も高い。

1 ケーブルの起点を左右離して低めの位置にセットする。グリップを握り、胸を張って肩甲骨を寄せながら、肘を軽く曲げた状態で後方に引き大胸筋上部を伸ばす。マシンよりも一歩前に出ることでスタートで負荷が抜けなくなる。

2 ケーブルを斜め上方向に引きながら両腕を閉じ大胸筋上部を収縮させる。フィニッシュの状態で1～2秒間止めると負荷が抜けにくいという長所をより強調して追い込める。

大胸筋の上部を収縮させる

POINT!

斜め上方向に両腕を閉じていく

斜め上方向に肩関節を水平内転し、アゴの高さぐらいで両手を合わせる。上体が動かないように少し前傾させて足を前後に開く。

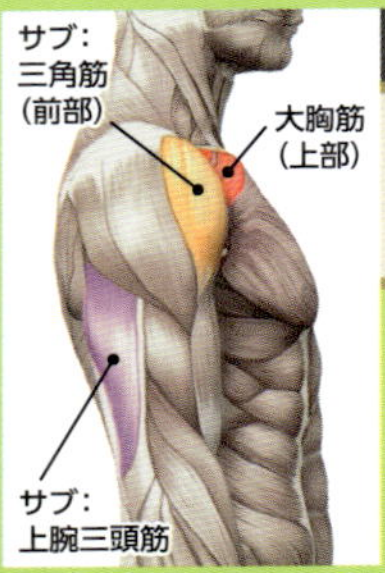

大胸筋（上部）の種目 4

フリーウエイト

インクラインダンベルプレス

筋発達効果とストレッチ効果を一緒に得られる

スミスインクラインベンチプレスより腕の軌道が不安定になるが、可動域が広がるため大胸筋の上部をより強く伸ばして追い込める。

1 ベンチの背もたれを45度前後にセットする。そこから肩甲骨を寄せて胸を張り、肩の上方で左右のダンベルを支える。

2 肩甲骨を寄せて胸を張ったまま、脇を開いて肘を曲げ、ダンベルを垂直に下ろして大胸筋の上部を伸ばす。

POINT!

前腕部は垂直に下ろす

脇を開いて前腕部を垂直に下ろす。上体が後傾しているため、肘を垂直に引くことによって腕を斜め上方向へ水平内転する動きとなり、自然に大胸筋上部に負荷が掛かる。

POINT!

**前腕の延長線上で
ダンベルを持つ**

ダンベルは前腕の延長線上で持つ。手首が返ってバーが前腕の延長線から外れると手首のケガにつながるので注意。

3 肩甲骨を寄せたまま、肘を伸ばしてダンベルを持ち上げ1の体勢に戻す。ダンベルが肩の真上にくると大胸筋上部への負荷が抜けてしまうため、その少し手前まで上げて反復する。

胸を張ったまま
ダンベルを上げる

NG

上体が反りすぎる

上体を反りすぎると腰の位置が高くなり、上体の角度が水平に近くなる。通常のダンベルプレスと変わらない動きになるため、大胸筋の上部ではなく中部に負荷が掛かる。

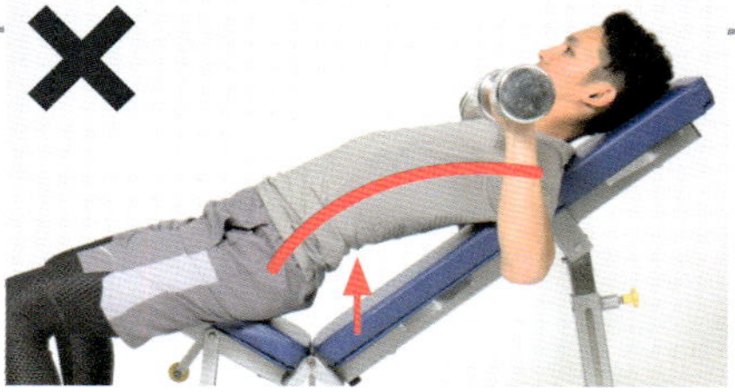

ダンベルプレスを自宅で行う方法

肘を引ける高さの自家製ベンチを作る

ジムに通わず自宅でトレーニングを行っている人は、ダンベルやチューブを購入したとしても、ジムに比べると実施できる種目が限られる。しかし、自宅にあるものを使って〝自家製ベンチ〟を作ることができれば、ジムに通わなくてもトレーニングの幅を広げることができる。ここでいう自家製ベンチとは、ジムで使用するフラットベンチ台を自宅にある布団や、クッションなどで代用するというもの。

仰向けに寝て肘を引いても床に肘がつかない高さにセッティングできれば、ジムで行う場合と同じようにダンベルプレスやダンベルフライといった種目を自宅で行うことが可能となる。

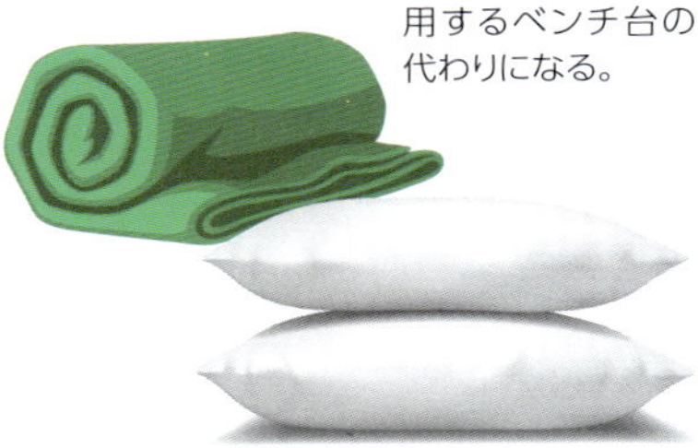

丸めた布団や座布団、クッションなどを使えばジムで使用するベンチ台の代わりになる。

肘が引ける高さがあればダンベルフライも行える

肘を引いても肘が床につかない高さにすることがポイント。肘をしっかり引けないと大胸筋を伸ばせなくなる。

第2章

背中の筋トレ

背中のトレーニングは、広背筋&僧帽筋をローイング系種目とプルダウン系種目で鍛えていく。ローイング系で厚い背中を、プルダウン系で広い背中を作る。さらに上背部の僧帽筋のみを狙って鍛える。

広背筋&僧帽筋 1

ローイング系種目では広背筋と僧帽筋を総合的に鍛えられる

左右の肩甲骨を寄せる動きと肘を後方へ引く動きに負荷を掛ける

広背筋&僧帽筋(中・下部)主な働き

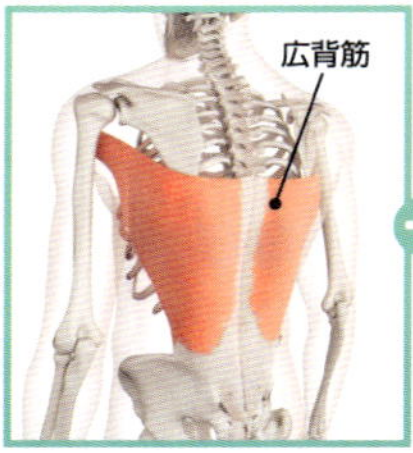

+

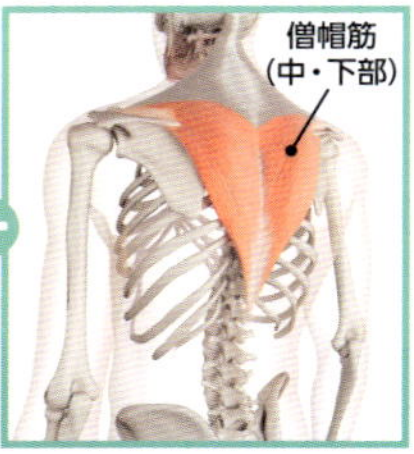

肩関節伸展
+
肩甲骨内転

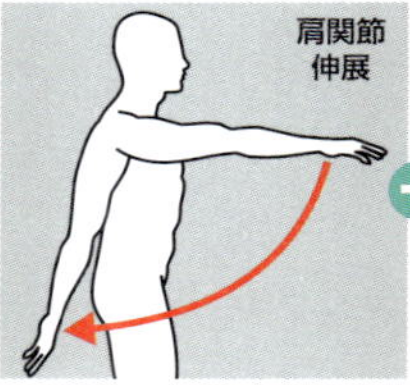

+

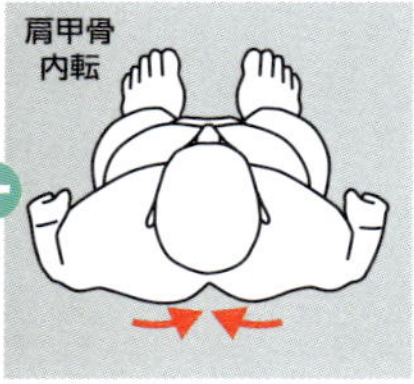

比較的にローイング系種目はスタートで広背筋への負荷が抜ける傾向にあり、ストレッチ効果も高くない。伸張位の負荷も弱めであるが、シーテッドローイングは伸張位の負荷が比較的高い。

広背筋(ローイング系種目)の種目一覧と選択基準

▼種目名 / ▶項目	運動のボリューム	負荷の抜けにくさ	伸張位の負荷	ストレッチ効果	フォームの習得難易度	自宅での実施
自重 →P.55 インバーテッドローイング	中	▲	中	低	普通	▲
チューブ →P.55 チューブローイング	中	▲	弱	低	普通	○
マシン →P.56 マシンローイング	中	▲	中	低	易	×
ケーブル →P.58 シーテッドローイング	やや大	○	やや強	低	普通	×
フリーウエイト →P.59 ワンハンドローイング	中	×	弱	低	普通	○
フリーウエイト →P.60 ベントオーバーローイング	やや大	×	弱	低	難	×
フリーウエイト →P.61 Tバーローイング	やや大	×	弱	低	やや難	×

※上の表は「広背筋」を対象とした評価を示したもの
※インバーテッドローイングは高さのあるテーブルが必要

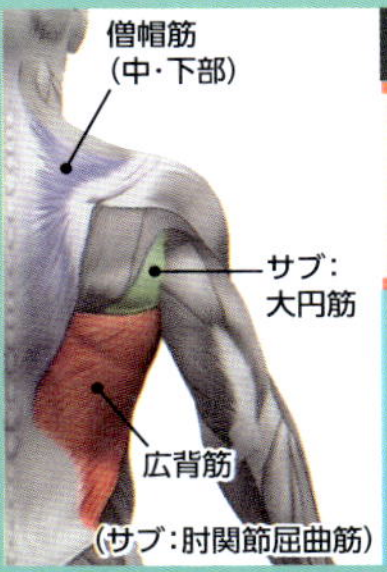
僧帽筋
（中・下部）
サブ：
大円筋
広背筋
（サブ：肘関節屈曲筋）

広背筋&僧帽筋（ローイング系）の種目1

自重

インバーテッドローイング

テーブルを使った斜め懸垂で背中を鍛える

自重で背中を鍛える方法。負荷も高め。低い鉄棒でも実施できる。フィニッシュで負荷は抜けないが、スタートで負荷が抜けやすい。

1

テーブルの下に入り、肩幅程度の手幅で縁をつかむ。そこから足の位置を遠くに移して上体の角度をできるだけ水平に近づける。

肩甲骨を開いて
広背筋を伸ばす

2

肩甲骨を寄せながら肘を曲げて上体を引き上げる。背中を反らせながら、胸ではなくお腹を手に近づけるように引き上げるのがポイント。

背中を反らせながら
お腹を手に近づける

バリエーション

チューブローイング

チューブを使ったローイング。前屈みの体勢で肩甲骨を寄せながら肘を後方に引く。動き方はベントオーバーローイング（→P.60）を参照。

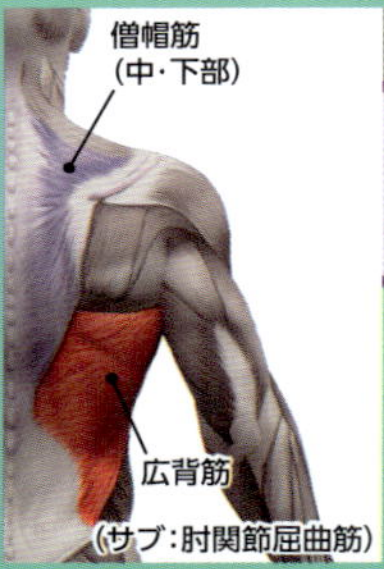

広背筋&僧帽筋（ローイング系）の種目2

マシン

マシンローイング

安定したフォームで広背筋と僧帽筋を追い込める

フォームの難易度が低く、高重量でも安全に限界まで追い込める。動きがシンプルなので肘を引きながら肩甲骨の動きも意識しやすい。

1 上体が垂直になる位置で体にパッドを当て、腕を伸ばしてレバーを握る。腕が引っ張られて広背筋が伸ばされる。

NG

スタートで腕が曲がっている

体に当てるパッドをマシン寄りにセットするとスタートポジションで腕が曲がり、広背筋がしっかり伸ばされない。スタートで負荷が抜けてしまうため筋トレ効果も低くなる。

POINT!

腕が伸びる位置でパッドをセットする

パッドをできるだけ手前に伸ばしてセットするとレバーが遠くなり、スタートからしっかり負荷が掛かる。さらに腕が引っ張られて肩甲骨が開き、広背筋、僧帽筋が伸ばされる。

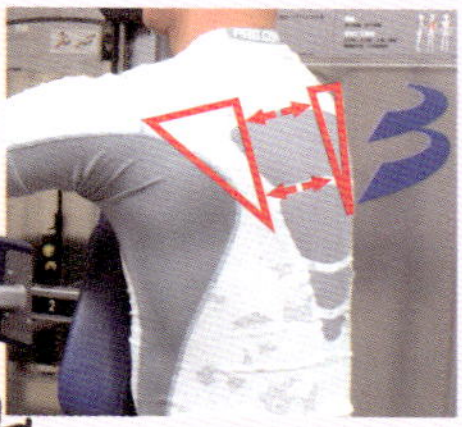

肩甲骨を寄せながら
肘を後方に引いていく
上体を後傾させずに
肘を体より後方に引く

2 背すじを伸ばして肩甲骨を寄せながら、肘を後方に引いてレバーを引き寄せる。肩甲骨を寄せることで僧帽筋の中・下部も働き、広背筋の収縮も強くなる。

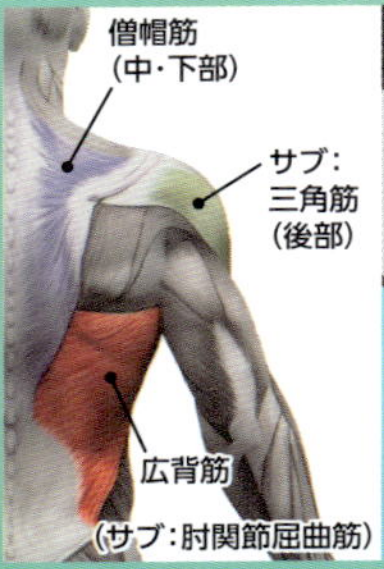

広背筋&僧帽筋（ローイング系）の種目3

ケーブル

シーテッドローイング

総合的な筋発達効果が高いケーブル種目

負荷が抜けにくく、安全に追い込める。運動のボリュームも大きめ。スタートで上体を前傾させることにより伸張位の負荷も高められる。

1 両手でプーリーを握って、上体を前傾させる。両膝は軽く曲げて踏ん張る。股関節から上体を前傾させることによって肩関節の可動域が大きくなり、広背筋の伸張位での負荷が抜けにくくなる。

上体の後傾は
最小限に抑える

2 背すじを伸ばして肩甲骨を寄せながら、肘を後方に引いてプーリーを腹部に引き寄せる。肩甲骨を寄せることで僧帽筋の中・下部も働き、広背筋もより強く収縮させられる。

NG

上体が後方に倒れる

プーリーを引いたときに上体が後方へ倒れると、腕を後方に振る肩関節伸展の可動域が狭くなり、伸張位の負荷も運動のボリュームも小さくなる。

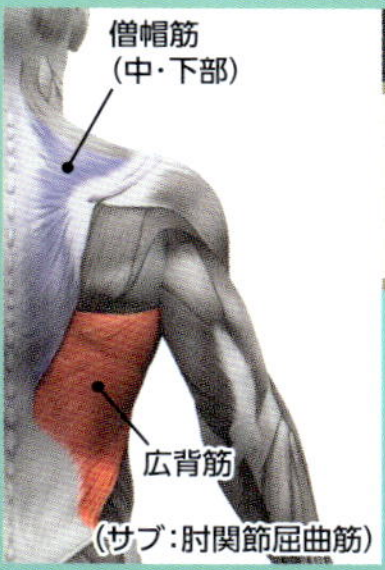
僧帽筋
（中・下部）
広背筋
（サブ：肘関節屈曲筋）

広背筋&僧帽筋（ローイング系）の種目4

フリーウエイト

ワンハンドローイング

自宅でも手軽に背中を鍛えられるダンベル種目

フリーウエイト種目だがフォームは簡単で比較的安全に追い込める。負荷は抜けやすいものの、片腕ずつ丁寧な動きで鍛えられる。

NG

体が開く

ダンベルを引き上げるときに体が開いて肩が上がると、肘を引く動きが小さくなり広背筋が十分に鍛えられない。高重量を扱うときに起こりやすいNG。

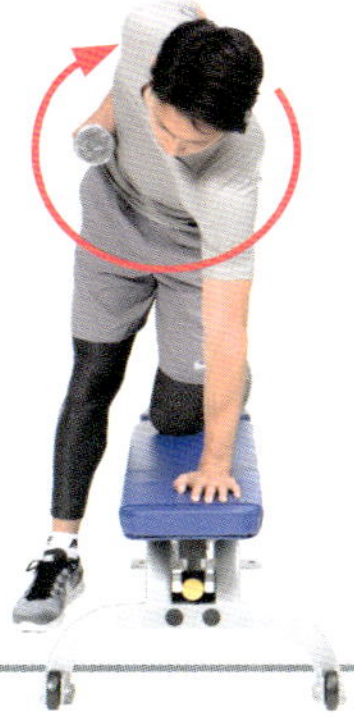

1 片手でダンベルを持ち、もう片方の手と片膝をベンチにつく。そこから上体を水平に近い角度まで前傾させて固定する。

肩甲骨を開いて
広背筋を伸ばす

肘が直角に曲がるまで
ダンベルを引き上げる

2 背すじを伸ばして肩甲骨を寄せながら、肘を上方に引いてダンベルを引き上げる。肩甲骨を寄せることで僧帽筋の中・下部も働き、広背筋もより強く収縮させられる。

広背筋&僧帽筋（ローイング系）の種目5

フリーウエイト

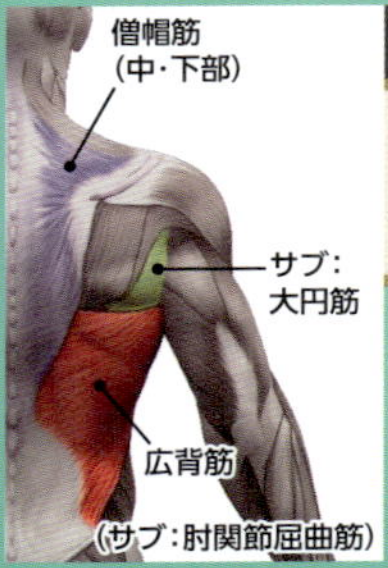

ベントオーバーローイング

広背筋・僧帽筋をバーベルでハードに追い込む

運動のボリュームは高めながら、負荷が抜けやすくフォームも難しい。慣れれば高重量を扱うこともできるが腰を痛めないように注意する。

1 肩幅よりやや広めの手幅でバーベルを持ち、膝を軽く曲げて背すじを伸ばす。そこから上体を60～90度の範囲で前傾させる。前傾角度が大きいほど使用重量は下がるが、可動域が広がって伸張位の負荷や運動のボリュームは大きくなる。

NG

上体が立ちすぎている

膝が曲がりすぎて上体が起き上がっていると、肘を引く動きが小さくなり、広背筋への負荷も下がるのでNG。

×

バリエーション

Tバーローイング

T字のバーを引き上げるマシン種目。動きはベントオーバーローイングとほぼ同じ。腕の軌道が安定するため広背筋、僧帽筋に効かせやすい。

バーはお腹に向けて
引き寄せていく

NG

バーを胸のほうへ引く

バーをお腹ではなく胸のほうへ引き寄せると、腕の力で引き上げる動きになるため広背筋、僧帽筋が働かない。

2 背すじを伸ばして肩甲骨を寄せながら、肘を後方に引いてバーベルをお腹のほうへ引き寄せる。肩甲骨を寄せることにより僧帽筋の中・下部も働き、広背筋の収縮も強くなる。

広背筋&僧帽筋❷

プルダウン系の種目はローイング系に比べ負荷が抜けにくく、伸張位の負荷も強め

脇を開きながら斜め下方向へ肘を引き下げる動きに負荷を掛ける

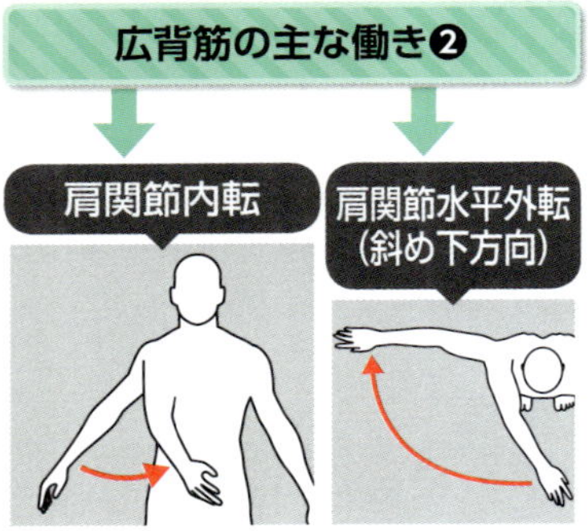

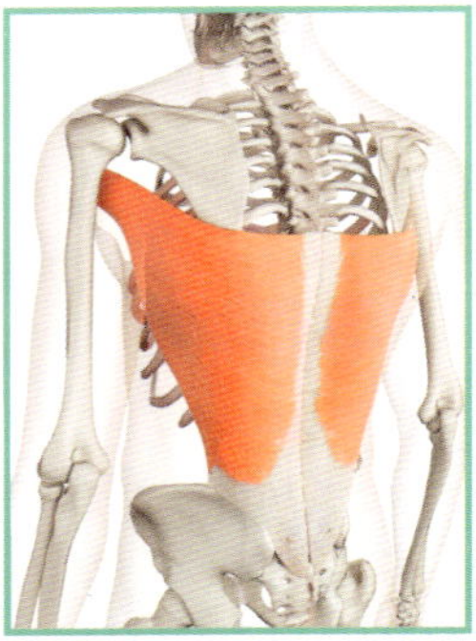

肩甲骨を寄せながら、脇を開いて肘を斜め下方向へ引き下げるプルダウン系の種目は、腕を振り下ろす肩関節内転の動きと、腕を水平面で後方に引く（開く）肩関節水平外転の動きの中間的なフォームとなる。プルダウン系の種目はローイング系の種目より負荷が抜けにくく、伸張位の負荷も強い傾向にある。
ただし、スタートポジションで1回ごとに腕を伸ばしきってしまうと負荷がほとんど抜けてしまう。さらに肩を痛めるリスクも高まるので注意したい。肘を引き下げながら、肩甲骨を寄せる動きも連動させるので僧帽筋の中・下部にも負荷が掛かる。
（※P.67で紹介しているアンダーグリップスターナムチンニングは、広背筋の側部がターゲットではないので種目一覧から割愛）

広背筋（プルダウン系種目）の種目一覧と選択基準

▼種目名 ／ ▶項目	運動のボリューム	負荷の抜けにくさ	伸張位の負荷	ストレッチ効果	フォームの習得難易度	自宅での実施
チューブ ➡P.63 チューブプルダウン	中	○	弱	やや高	普通	○
マシン ➡P.64 マシンプルダウン	中	○	中	低	やや易	×
ケーブル ➡P.65 ラットプルダウン	やや大	▲	やや強	低	普通	×
フリーウエイト ➡P.66 ワイドグリップチンニング	やや大	▲	やや強	低	やや難	×

※上の表は「広背筋」を対象とした評価を示したもの

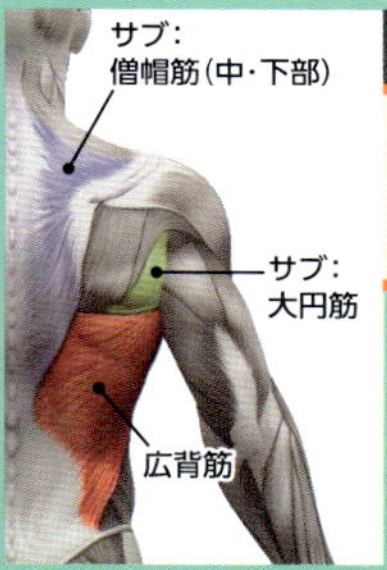
サブ：
僧帽筋（中・下部）
サブ：
大円筋
広背筋

広背筋&僧帽筋（プルダウン系）の種目1

チューブ

チューブプルダウン

自宅で広背筋の側部を鍛えられるチューブ種目

高負荷は掛けにくいが、チューブを短く持つことで負荷を大きくできる。さらにスタートで負荷が抜けなくなり、ストレッチ効果も高くなる。

1 肩幅程度の手幅でチューブを持ち、両腕を頭上へ伸ばす。肘は軽く曲げた状態。そこから背すじを伸ばして胸を張る。

チューブは
スタートから
負荷が掛かる
長さで持つ

引き伸ばした
チューブは
鎖骨付近に
下ろしていく

2 胸を張って肩甲骨を寄せながら、両腕を側方へ振り下ろしてチューブを引き伸ばす。最後は体を支点にしてチューブを引き伸ばしていく。

POINT!

弧を描く軌道で
チューブを伸ばす

肘を軽く曲げたまま弧を描く軌道で腕を開く。肩関節の動きで腕を側方へ開くことにより広背筋の側部が収縮する。

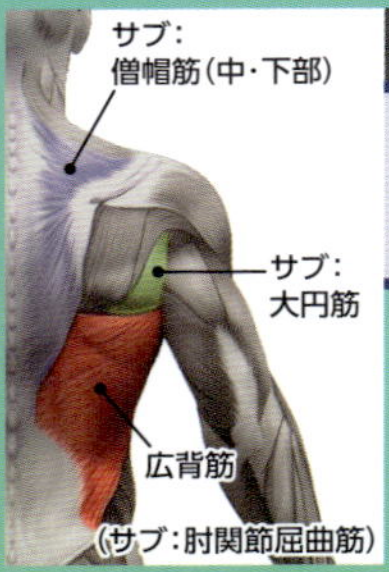
サブ：
僧帽筋（中・下部）
サブ：
大円筋
広背筋
（サブ：肘関節屈曲筋）

広背筋&僧帽筋（プルダウン系）の種目2

マシン

マシンプルダウン

腕の軌道が安定して広背筋の側部に効かせやすい

フォームの難易度が低く、高重量でも安全に限界まで追い込める。スタートで負荷が掛かるように設定すれば最後まで負荷は抜けない。

NG

背中が丸まる

バーを引き下げるときに背中が丸まると広背筋が働かなくなるのでNG。

スタートから
負荷が掛かる
高さにして
バーをセット
（※イスの高さを
調節する機種もある）

肩甲骨を
寄せながら
肘を下げる

1 パッドで太ももがシートから浮かないように固定する。そこから頭上のバーをつかんで肘を軽く曲げる。

2 胸を張って肩甲骨を寄せながら、肘を曲げてバーを引き下げる。背中を反らせながら上体をやや後傾させて、肩関節の動きでバーを引く。

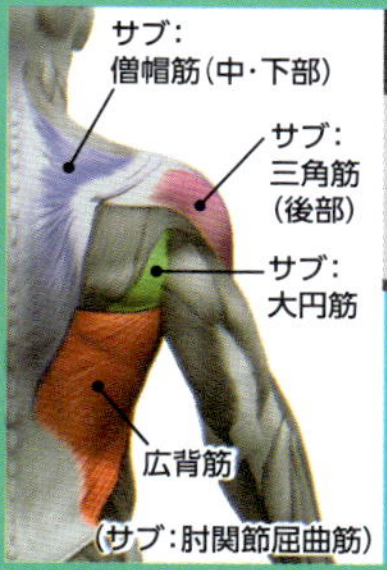
サブ：
僧帽筋（中・下部）
サブ：
三角筋
（後部）
サブ：
大円筋
広背筋
（サブ：肘関節屈曲筋）

広背筋&僧帽筋（プルダウン系）の種目3　ケーブル

ラットプルダウン

総合的な筋発達効果が高い代表的プルダウン種目

ストレッチ効果は低いが、運動ボリュームも伸張位の負荷も大きめ。高重量も扱えて、スタートで脱力しなければ負荷を掛け続けられる。

NG

バーを体の遠くへ引く

体から離れた方向にバーを引くと、負荷の掛かる方向が広背筋の力発揮方向とズレる。

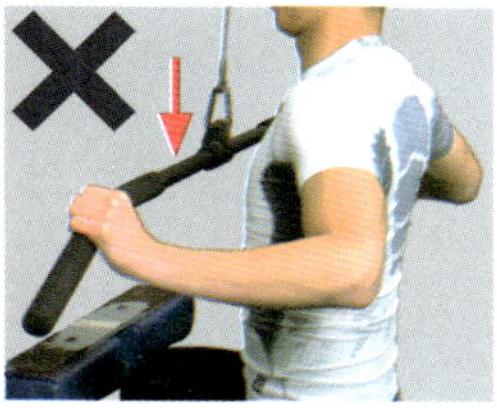

1

パッドで太ももがシートから浮かないように固定する。そこから頭上のバーを肩幅の1.5倍程度の広い手幅でつかみ、肘を軽く曲げる。

重りの負荷で
腕が伸びきる
高さにバーを
セットする
バーを引くときは
背中を反らせながら
上体を少し後傾させる

鎖骨付近に
バーを下ろす

2

胸を張って肩甲骨を寄せながら、肘を曲げてバーを引き下げる。このとき背中を反らせながら上体を少し後傾させる。ただし上体を後傾しすぎるのはNG。

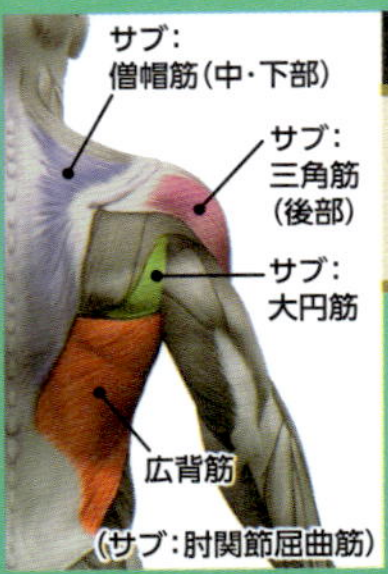

広背筋&僧帽筋（プルダウン系）の種目4

フリーウエイト

ワイドグリップチンニング

手幅の広い懸垂で広背筋側部を高負荷で追い込む

逆三角形の広背筋を作るための代表的種目。高い鉄棒でも実施可能。高負荷で運動のボリュームが大きく、肩や上腕の筋群も鍛えられる。

※高負荷なので自重が負荷でもフリーウエイト種目に分類

脇の下付近の
伸ばされた
広背筋側部に
力を入れる

1

頭上のバーを肩幅の1.5倍程度の手幅で握りぶら下がる。そこから肘を軽く曲げる。体が後傾しやすくなるように膝は曲げておく。

NG

背中が丸まる

体を引き上げるときに背中が丸くなると、肩関節の可動域が小さくなって広背筋が十分に鍛えられない。

POINT!

背中を反らせて肩甲骨を寄せる

背中を反らせて肩甲骨を寄せると広背筋がしっかり収縮する。背中が丸まったり肩がすくんだりすると肩甲骨が寄せられなくなり、広背筋も十分に鍛えられないので注意する。

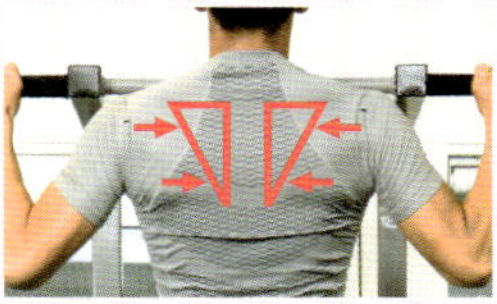

2 胸を張って肩甲骨を寄せながら、肘を曲げて体を引き上げる。このとき反動を使ったり肩をすくめたりしないように注意する。

顔がバーと重なる程度まで体を引き上げればOK。アゴがバーを越えることにこだわりすぎてフォームが崩れないようにする

バリエーション

アンダーグリップスターナムチンニング

上体を大きく後傾させて、体の前方からバーを引くように行うチンニング。手が胸ではなくお腹に近づくように体を引き上げていく。

僧帽筋

僧帽筋の上部を中心に鍛えるシュラッグ系と僧帽筋・三角筋を総合的に鍛えるアップライトロー系

[肩甲骨を上方に持ち上げる動きと内向きに回す動きに負荷を掛ける]

僧帽筋(上部)の主な働き

肩甲骨上方回旋

上方回旋

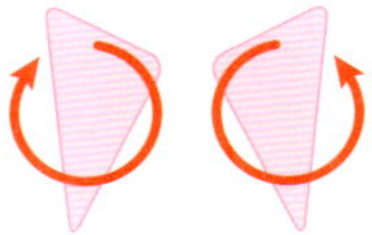

肩甲骨挙上

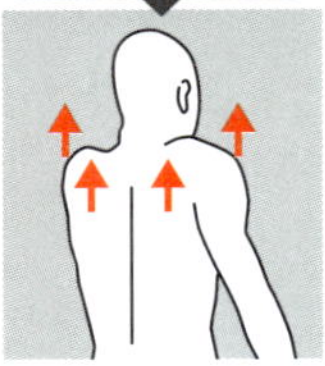

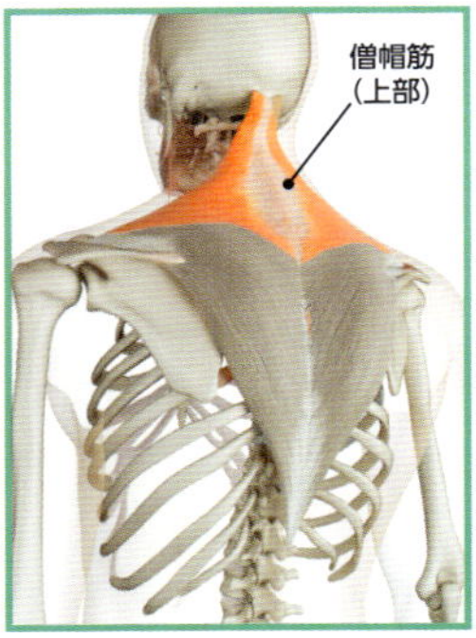

僧帽筋上部がターゲットの種目は「シュラッグ系」と「アップライトロー系」に分けられる。シュラッグ系は僧帽筋の主に上部のみが稼働するのに対して、アップライトロー系は僧帽筋の中・下部や三角筋も動員されるため、運動のボリュームがやや大きくなる。またアップライトロー系はシュラッグ系の種目より可動域の全域を通して僧帽筋への負荷が抜けにくい傾向にある。
シュラッグ系の種目はやや負荷が抜けやすいものの、ボトムのスタートポジションで肩をできるだけ下げることによって肩甲骨が下制し、僧帽筋上部のストレッチ効果をより高められる。

僧帽筋(上部)の種目一覧と選択基準

▼種目名 ／ ▶項目	運動のボリューム	負荷の抜けにくさ	伸張位の負荷	ストレッチ効果	フォームの習得難易度	自宅での実施
チューブ ➡P.69 チューブアップライトロー	中	○	弱	やや低	普通	○
ケーブル ➡P.69 ケーブルアップライトロー	中	○	やや強	中	普通	×
マシン ➡P.70 スミスバーベルシュラッグ	やや小	▲	やや強	やや高	やや易	×
フリーウエイト ➡P.71 ダンベルアップライトロー	中	○	やや強	中	普通	○
フリーウエイト ➡P.72 ダンベルシュラッグ	やや小	▲	やや強	やや高	やや易	○

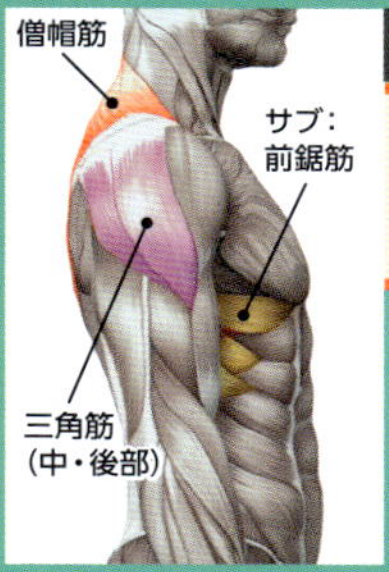
僧帽筋
サブ：
前鋸筋
三角筋
（中・後部）

僧帽筋の種目1

チューブ

チューブアップライトロー

僧帽筋を中心に自宅で上背部を鍛える方法

伸張位の負荷やストレッチ効果は低いが、自宅で手軽に実施できる。チューブを短く持つことでスタートから負荷を抜かずに追い込める。

肩をすくめながら
肘を側方へ
高く振り上げる
チューブは
スタートから
負荷が掛かる
長さで持つ

1

チューブの両端を持ち、中心部分を両足で踏んで固定する。そこから背すじを伸ばす。左右の手の間隔は左右のチューブの幅に合わせる。

2

肩をすくめて肘を曲げながら側方へ高く振り上げていく。肘を側方に上げると、連動して肩甲骨の回転運動が起こる（上方回旋）。この種目では肩甲骨上方回旋の動きに負荷を掛けつつ、同時に肩甲骨を挙上することにより僧帽筋を広い可動域で鍛えていく。

バリエーション

**ケーブル
アップライトロー**

ケーブルマシンで行うアップライトロー。ケーブルの起点を最も低い位置にセットしてストレートバーを引き上げる。二股ロープを引く方法もある。

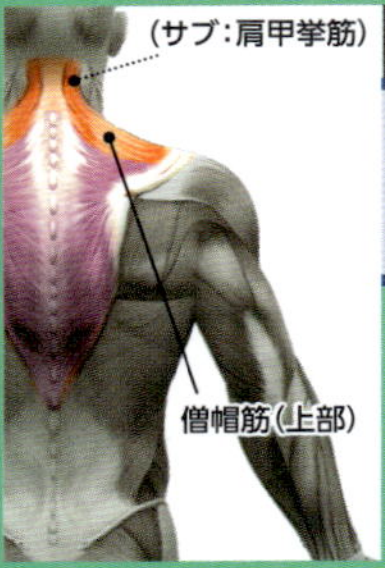
（サブ：肩甲挙筋）
僧帽筋（上部）

僧帽筋の種目2

マシン

スミスバーベルシュラッグ

高重量でも安全に限界まで追い込める

伸張位の負荷が強く、ストレッチ効果も高い。さらにフォームは簡単。自力で挙げるのが大変な高重量でも楽にスタートポジションを作れる。

CYBEX
バーの重さで
肩甲骨が下がり
首の付け根部分が
強く伸ばされる

1 背すじを伸ばしたまま肩幅よりやや広い手幅でバーを持ち、ラックから外して支える。このときバーの重さで肩が下がることで肩甲骨の可動域は大きくなる。

2 すくめるように肩を上げる動きでバーを引き上げる。肩を上げると肩甲骨が挙上して僧帽筋の主に上部が働く。バーのストッパーをセットすれば高重量でも無理なく限界まで追い込める。

CYBEX
すくめるように
肩を高く上げる

バリエーション

肘を曲げながら肩をすくめる

肘を曲げながら肩を上げると肩甲骨が挙上するとともに内向きに回る（上方回旋）。肩甲骨の上方回旋の動きにも僧帽筋が働くため、シュラッグは肘を曲げるフォームで行っても良い。

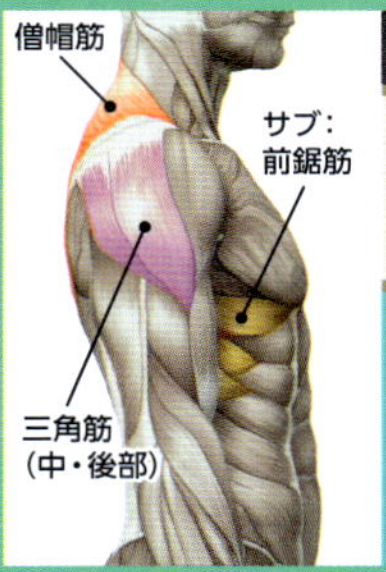

僧帽筋の種目3

フリーウエイト

ダンベルアップライトロー

シュラッグよりも広い可動域で僧帽筋を鍛える

僧帽筋の中・下部や三角筋も働くため、運動のボリュームが高い。スタート時に短く緩むチューブより伸張位で強い負荷を掛けられる。

1 両手にダンベルを持ち、骨盤の前で横一線に揃える。そこから背すじを伸ばして肘を軽く曲げる。ダンベルは体につけない。

ダンベルの重さで
肩甲骨が下がる

左右のダンベルは
横一線に揃えて
持ち上げていく

2 肩をすくめて肘を曲げながら側方へ高く振り上げていく。肘を側方に上げると、連動して肩甲骨の回転運動が起こる(上方回旋)。肩甲骨の挙上と上方回旋の連動はチューブで行う場合と同じ。

POINT!

肩甲骨挙上と上方回旋の二つの動きを意識する

肘を振り上げる動きにともなう肩甲骨の回転運動(上方回旋)と、肩をすくめる動きによる肩甲骨挙上が同時に起こっていることを意識する。

僧帽筋の種目4

フリーウエイト

ダンベルシュラッグ

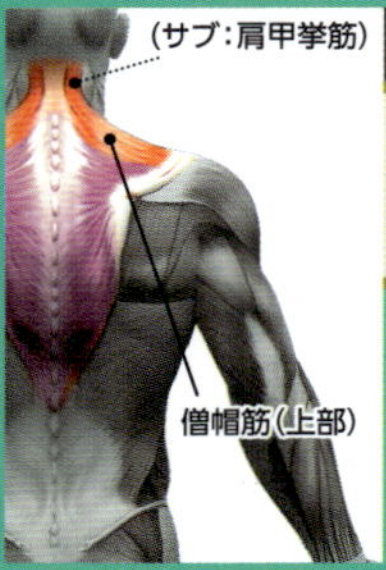

(サブ：肩甲挙筋)
僧帽筋(上部)

僧帽筋の上部をピンポイントで鍛える単関節種目

バーベルのシュラッグと違って、ダンベルは体の真横で上げるため、負荷が掛かる方向と肩甲骨挙上の方向が一致する。腰への負担も減る。

頭部を後傾して
首の後面を収縮
肘を曲げながら
ダンベルを
上げてもOK
ダンベルの重さで
肩甲骨が下がり
首の付け根の
僧帽筋上部が
伸ばされる

2

すくめるように肩を上げる動きでダンベルを引き上げる。肩を上げると肩甲骨が挙上して僧帽筋の主に上部が働く。ダンベルを落とすと危ないため高重量で限界まで追い込むならスミスバーベルシュラッグのほうが適している。

1

ダンベルを持った腕を下ろし、背すじを伸ばして体の側方でダンベルを支える。このときダンベルの重さで肩が下がることで肩甲骨の可動域が大きくなる。

POINT!

少し上を向く

僧帽筋の上端は後頭部の骨に付着しているため、肩を上げたときに上を向いて頭部を後ろに倒すと、首の後面を通っている僧帽筋の上部をより強く収縮させることができる。

第3章

肩・腕の筋トレ

肩のトレーニングは肩を覆っている三角筋を前部・中部・後部に分割して鍛えていく。腕のトレーニングは、上腕部を上腕前面の上腕二頭筋と上腕後面の上腕三頭筋に分割して鍛えていく。さらに前腕部の筋群も鍛える。

三角筋❶（前・中・後部）

レイズ系種目は伸張位の負荷が弱いというダンベル種目の難点をケーブル種目やライイング種目で克服できる

三角筋（前・中・後部）の主な働き

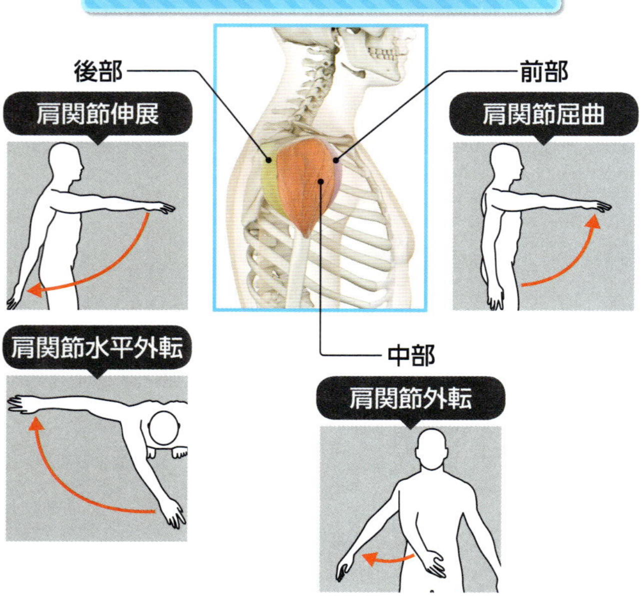

三角筋の前部は腕を前方に振り上げる肩関節屈曲の動きに負荷を掛ける

全般的にフロントレイズは、腕を下ろしたスタートポジションで負荷が抜けやすく、伸張位での負荷も弱い。ただしケーブルフロントレイズに限ってはスタートポジションから負荷を掛けることができるため、他の種目に比べて負荷が抜けにくくなる。さらにケーブルの張力が作用する方向が斜めになるため、腕を体の側面まで引いたスタートの伸張位で大きな負荷が掛かる。

三角筋（前部）（フロントレイズ系種目）の種目一覧と選択基準

▼種目名 ／ ▶項目	運動のボリューム	負荷の抜けにくさ	伸張位の負荷	ストレッチ効果	フォームの習得難易度	自宅での実施
チューブ チューブフロントレイズ ➡P.77	小	×	弱	低	普通	○
ケーブル ケーブルフロントレイズ ➡P.77	小	▲	中	低	普通	×
フリーウエイト ダンベルフロントレイズ ➡P.76	小	×	弱	低	普通	○

三角筋の中部は腕を側方へ振り上げる 肩関節外転の動きに負荷を掛ける

フロントレイズ系の種目と同様に、サイドレイズ系種目も腕を下ろしたスタートポジションで負荷が抜けやすく、伸張位で負荷も弱い。ただしケーブルサイドレイズは他の種目と違って腕を下ろしたスタートポジションでも負荷が掛かり、伸張位の負荷も強めになる。

三角筋（中部）（サイドレイズ系種目）の種目一覧と選択基準

▼種目名 ／ ▶項目	運動のボリューム	負荷の抜けにくさ	伸張位の負荷	ストレッチ効果	フォームの習得難易度	自宅での実施
チューブ チューブサイドレイズ →P.79	小	×	弱	低	普通	○
ケーブル ケーブルサイドレイズ →P.79	小	▲	中	低	普通	×
フリーウエイト ダンベルサイドレイズ →P.78	小	×	弱	低	やや難	○

三角筋の後部は肩関節の動きだけで腕を後方に振る 肩関節水平外転の動きに負荷を掛ける

リアレイズ系種目も腕を下ろしたスタートポジションで負荷が抜けやすく、伸張位の負荷も弱い。マシンやケーブル、ライイング種目ではそれらの短所は小さくなる。肩甲骨を寄せず、肩関節の動きだけで腕を後方に振ることで広背筋の関与をなくし、三角筋後部に負荷を集中させる。

三角筋（中部）（リアレイズ系種目）の種目一覧と選択基準

▼種目名 ／ ▶項目	運動のボリューム	負荷の抜けにくさ	伸張位の負荷	ストレッチ効果	フォームの習得難易度	自宅での実施
チューブ チューブリアレイズ →P.81	小	▲	弱	低	普通	○
マシン リアデルトフライ →P.81	小	○	中	中	易	×
ケーブル ケーブルリアレイズ →P.81	小	▲	強	やや高	普通	×
フリーウエイト ダンベルリアレイズ →P.80	小	×	弱	低	やや難	○
フリーウエイト ダンベルライイングリアレイズ →P.80	小	▲	強	やや高	普通	○

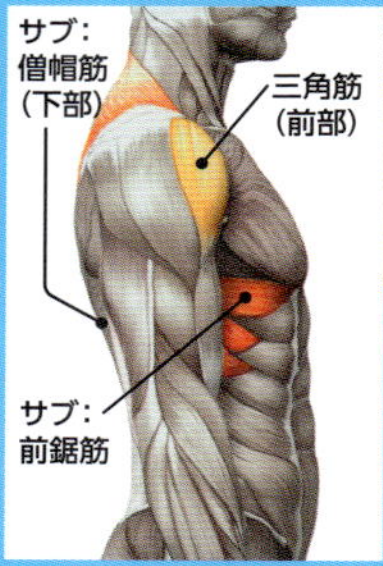

三角筋（前部）の種目 1 2 3

チューブ　ケーブル　フリーウエイト

フロントレイズ系種目

腕を前方に振り上げて三角筋の前部を鍛える

腕を前方に振る肩関節屈曲の動きに負荷を掛ける。動きは同じでもダンベル、チューブ、ケーブルによって異なる長所と短所がある。

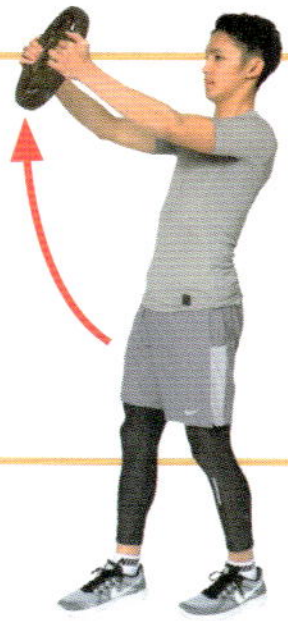

バリエーション

プレート フロントレイズ

バーベルのプレートを持って行うフロントレイズ。両腕を一緒に動かせる。

1 ダンベル フロントレイズ

ダンベルで行う基本的なフロントレイズ。三角筋の前部が伸びる腕を下ろしたスタートポジションで負荷が抜けやすいのが短所。

1 ダンベルを持って親指を上に向ける。そこから背すじを伸ばして足を前後に開き、体を後傾させる。肘を軽く曲げると腕を下ろしても負荷が抜けにくい。

2 腕を前方に振り上げてダンベルを顔の高さまで持ち上げる。スタートで負荷が抜けにくくなるため、親指を上に向けて腕を振るフォームがオススメ。

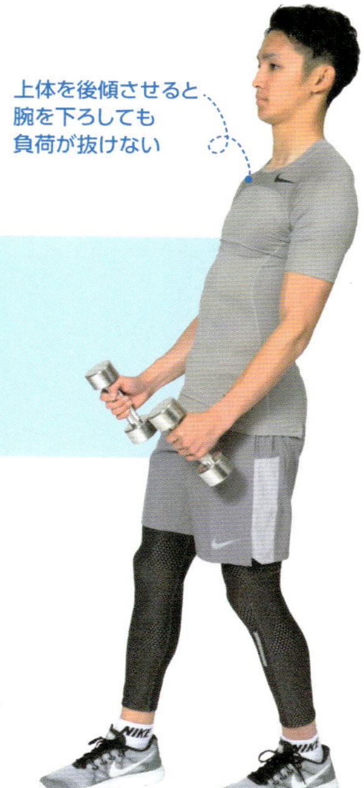

2 チューブフロントレイズ

チューブを使って手軽に行うフロントレイズ。スタートポジションでチューブが短く緩み、負荷が抜けやすくなるのが短所。

1 チューブの両端を持って中心部分を踏む。そこから親指を上に向ける。

2 肘を伸ばしたまま水平以上の高さまで腕を前方に振り上げチューブを引き上げる。

---

3 ケーブルフロントレイズ

ケーブルマシンで行うフロントレイズ。可動域が広くなり、スタートポジションでも負荷が抜けにくい。伸張位の負荷も強くなる。僧帽筋の特に下部も一緒に鍛えられる。

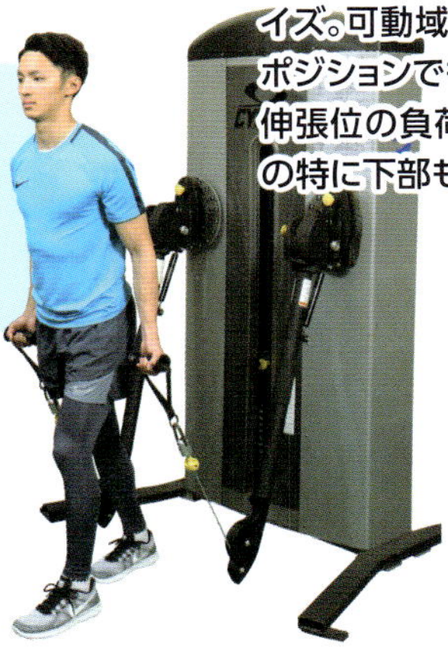

1 ケーブルの起点を最も低い位置にセットしてグリップを持つ。そこから手の平を前方に向けて、肘を少し曲げる。

2 肘を少し曲げた状態をキープしたまま、頭の高さまで腕を前方に振ってケーブルを引く。

バリエーション

片手ケーブルフロントレイズ

片手で行うことにより、三角筋の前部にもう片方の手を当てて、筋肉の収縮を確認しながら丁寧な動きで鍛えられる。

限界まで追い込む際、肘をもう片方の手で押して最後の力を絞り出すテクニックも使える。

三角筋（中部）の種目 1 2 3　チューブ　ケーブル　フリーウエイト

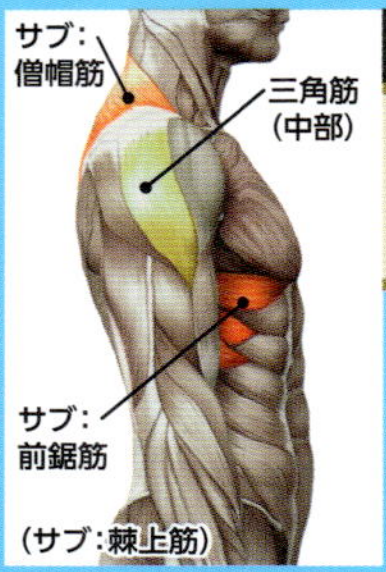

サイドレイズ系種目

腕を側方へ振り上げて三角筋の中部を鍛える

腕を側方に振る肩関節外転の動きに負荷を掛ける。動きは同じでもダンベル、チューブ、ケーブルによって異なる長所と短所がある。

NG

肘が曲がる

ダンベルを持ち上げるときに肘が曲がると負荷が下がるのでNG。限界まで追い込むときに負荷を下げる動きとしては有効。

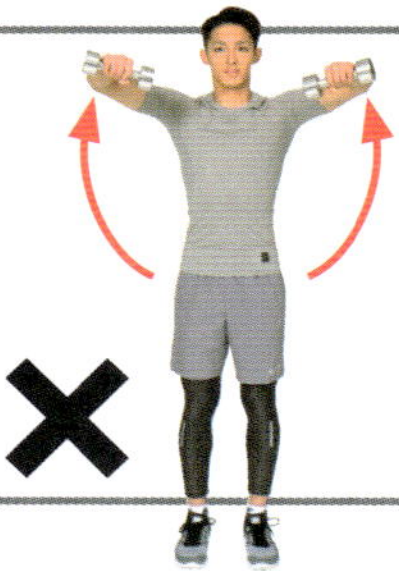

1 ダンベルサイドレイズ

ダンベルで行う基本的なサイドレイズ。三角筋の中部が伸びる腕を下ろしたスタートポジションで負荷が抜けやすいのが短所。

2 腕を側方に振り上げてダンベルを顔の高さまで持ち上げる。小指から腕を振り上げることで三角筋中部の働きが強まる。

小指側から持ち上げる

1 ダンベルを持って背すじを伸ばし、手の甲を外側に向ける。

2 チューブサイドレイズ

チューブを使って手軽に行うサイドレイズ。スタートポジションでチューブが緩み、負荷が抜けるのが短所。

1 チューブの両端を持って中心部分を踏む。そこから手の甲を外側に向ける。

2 肘を伸ばしたまま水平以上の高さまで腕を側方に振り上げチューブを引き上げる。

3 ケーブルサイドレイズ

ケーブルマシンで行う片手のサイドレイズ。可動域が広がり、腕を下ろしたポジションも負荷が抜けない。伸張位の負荷も強くなる。

1 ケーブルの起点を最も低い位置にセットして片手でグリップを持つ。腕を深く内側に振り、負荷を掛けたまま三角筋の後部を伸ばす。

2 肘を伸ばしたまま頭の高さまで腕を側方に振り上げてケーブルを引き上げる。このとき上体が動く場合は足幅を広げてバランスを取る。

追い込みテク

肘曲げケーブルサイドレイズ

限界まで追い込むときに最後の力を絞り出すテクニック。ケーブルを引きながら肘を曲げることで負荷が下がる。

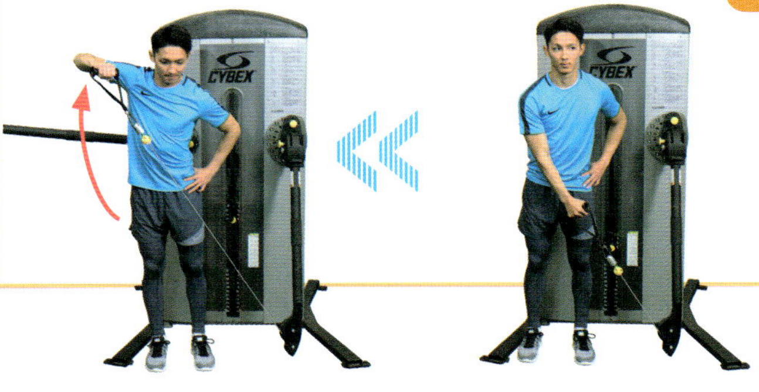

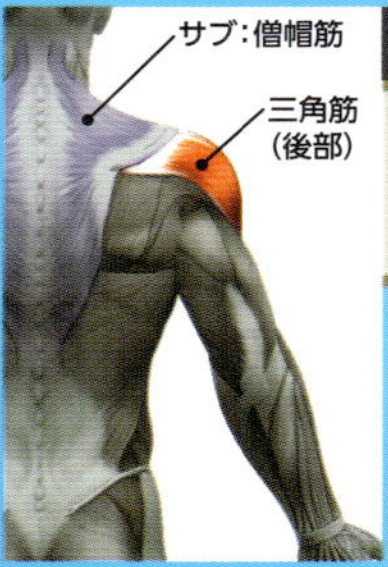

リアレイズ系種目

脇を開いて腕を後方に振り三角筋の後部を鍛える

肩の動きだけで腕を後方に振る肩関節水平外転動作に負荷を掛ける。ダンベル、チューブ、マシン、ケーブルで異なる長所と短所がある。

1 ダンベルリアレイズ

ダンベルで行う基本的なリアレイズ。三角筋後部が伸びる腕を下ろしたスタートポジションで負荷が抜けるのが短所。

1 ダンベルを持って背すじを伸ばし、膝を軽く曲げて上体を60度程度まで前傾させる。下ろした腕は肘を軽く曲げて手の甲を外側に向ける。

2 脇を開きながら腕を小指から後方に振り上げてダンベルを肩の高さまで持ち上げる。肩甲骨は寄せずに肩関節だけを動かすと三角筋後部に効く。

バリエーション

ライイングリアレイズ

横向きに寝た状態で行うリアレイズ。スタートポジションで負荷が抜けないため、伸張位の負荷もストレッチ効果も高まる。

1 横向きに寝て片手でダンベルを持ち、肩の前方へ腕を伸ばしてダンベルを浮かせる。もう片方の手でバランスを取る

2 肘を伸ばしたまま腕を小指から上方に振り上げる。肩甲骨を寄せずに、腕が60度程度の高さになるまで上げる。

※ベンチに寝て行っても良い

2 チューブリアレイズ

チューブを使って手軽に行うリアレイズ。スタートポジションでチューブが緩み、負荷が弱くなるのが短所。

1

チューブの両端を持って中心部分を踏む。そこから背筋を伸ばして膝を曲げ、上体を前傾させて手の甲を外側に向ける。

2

脇を開きながら腕を小指から後方に振り上げて肩の高さまでチューブを引く。肩甲骨は寄せずに肩関節だけを動かす。

3 リアデルトフライ

腕を肩関節水平外転の動きで後方に振るマシン種目。負荷が終始抜けにくく、伸張位の負荷も比較的強めの非常に優秀な種目。

1

横向きのレバーを肩の高さにセットする。そこからレバーを持って肘を軽く曲げる。

2

肩甲骨を寄せずに腕を後方に振る。負荷が抜けにくい長所を生かし、ゆっくりした動作でじっくり効かせよう。

4 ケーブルリアレイズ

ケーブルマシンで行うリアレイズ。伸張位の負荷が強く、ストレッチ効果も高め。左右のケーブルを交差させて両手で行う方法もある。

1

ケーブルの起点を最も低い位置にセットしてリアレイズの体勢を作る。腕を深く内側に振り、負荷を掛けたまま三角筋の後部を伸ばす。

2

脇を開いて小指から腕を後方に振り上げる。肩甲骨を寄せずに肩より高い位置までケーブルを引くことで三角筋後部を集中的に鍛えられる。

三角筋❷（前・中部）

主に三角筋の前側を鍛えるプレス系種目は運動のボリュームが大きく、負荷が抜けにくい

腕を側方へ振る肩関節外転を中心に
頭上へ持ち上げる動きに負荷を掛け
三角筋や僧帽筋を総合的に鍛える

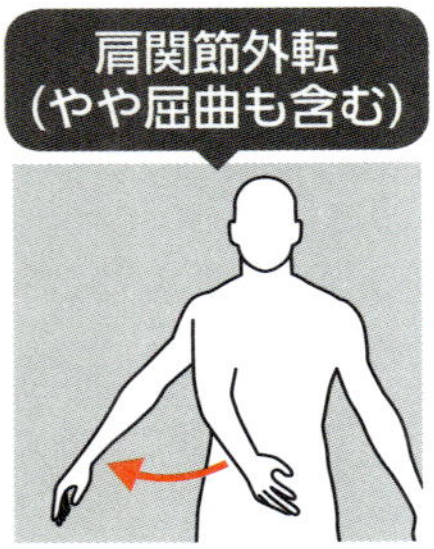

三角筋（前・中部）の主な働き

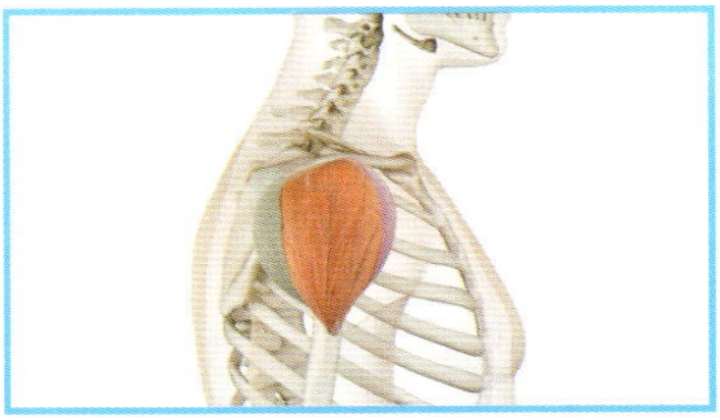

三角筋の前・中部をメインターゲットとするプレス系の種目は、頭上へ持ち上げる動きに貢献する僧帽筋や前鋸筋、上腕三頭筋なども一緒に鍛えられる。いずれの種目もスタートポジションで強い負荷が掛かるが、ボトムで肘を深く下ろせないため伸張位の負荷やストレッチ効果は高くない。またフィニッシュのトップポジションで負荷が抜けやすくなる傾向にあるが、チューブやケーブルの場合はトップでも比較的負荷が抜けにくい。

三角筋（前・中部）の種目一覧と選択基準

▼種目名 ／ ▶項目	運動のボリューム	負荷の抜けにくさ	伸張位の負荷	ストレッチ効果	フォームの習得難易度	自宅での実施
チューブ →P.83 チューブショルダープレス	中	○	弱	低	やや易	○
ケーブル →P.83 ケーブルショルダープレス	中	○	やや弱	中	やや易	×
マシン →P.84 マシンショルダープレス	やや大	▲	やや弱	低	易	×
フリーウエイト →P.85 ダンベルショルダープレス	やや大	▲	やや弱	中	普通	○
フリーウエイト →P.86 バーベルバックプレス	やや大	▲	やや弱	低	普通	×
フリーウエイト →P.87 バーベルフロントプレス	やや大	▲	やや弱	低	普通	×

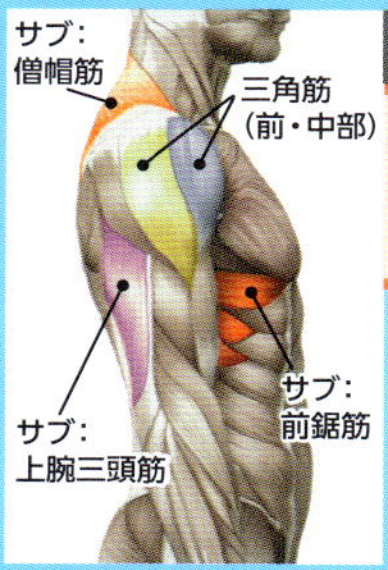

三角筋（前・中部）の種目1

チューブ

チューブショルダープレス

チューブで持ち上げる動きに負荷を掛ける方法

フォームは簡単。2mタイプのチューブだと両腕を同時に鍛えられる。高負荷は掛けにくいものの、トップのポジションでも負荷が抜けない。

左右の手の間隔が
狭くなってしまうと
チューブの負荷が
抜けてしまうため
左右の手は近づけない

2

肘を伸ばしながら真っすぐ頭上へチューブを引く。このとき肩がすくむと僧帽筋の関与が増すため、左右の手の間隔を狭めないようにしてチューブを引いていく。

チューブは
小指側から出し
腕の後ろに通す

1

チューブの両端を持ち、中心部分を両足で踏む。そこから両腕を側方に開き、肘を曲げて肩より低い位置まで肘を下げる。肩を痛めるので肘は下げすぎないようにする。

バリエーション

ケーブルショルダープレス

ケーブルマシンで行うショルダープレス。ケーブルの起点を最も低い位置にセットして片手でケーブルを引き上げる。動きはチューブの場合と同じ。ケーブルの起点を肘より外側にすることで負荷がより抜けにくくなる。

三角筋（前・中部）の種目❷

マシン

マシンショルダープレス

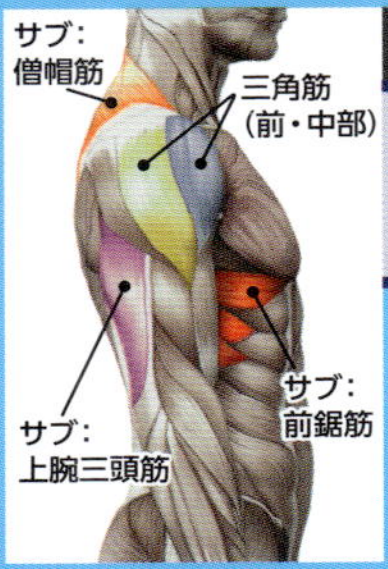

サブ：
僧帽筋
三角筋
（前・中部）
サブ：
前鋸筋
サブ：
上腕三頭筋

安定したフォームで高重量でも安全に追い込める

背もたれで上体が固定され、腕の軌道も安定するためフォームが簡単。高重量を扱っても腰への負担が小さく、安全に限界まで追い込める。

NG

シートに浅く座る

シートに浅く座ると上体が後傾して大胸筋に負荷が集まるのでNG。腰が反りすぎるのも腰を痛める危険があるので注意。

VR3
シートの高さは
肘を下げても
負荷が抜けない
位置にセット

1 シートに深く座り横向きのバーを持つ。肘の高さは肩より低い位置が目安。

深く座って
腰を反らさず
バーを上げる

2 肘を伸ばしながらバーを頭上へ持ち上げる。このマシンはバーを上げたポジションの負荷が抜けにくいため、肘は伸びきる直前まで伸ばして肩関節を広い可動域で動かす。

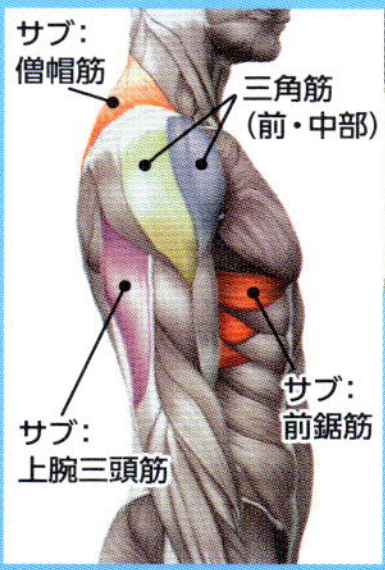
サブ：
僧帽筋
三角筋
（前・中部）
サブ：
前鋸筋
サブ：
上腕三頭筋

三角筋（前・中部）の種目3

フリーウエイト

ダンベルショルダープレス

広い可動域で三角筋を鍛えられるダンベル種目

フォームはやや不安定だが、腕の軌道が制限されず肩を痛めにくい。肩関節を広い可動域で動かせるため運動のボリュームが大きくなる。

NG

背中が反る

ダンベルを上げるときに胸を張って背中を反らせると大胸筋に負荷が集まり、腰を痛める場合もあるのでNG。

1 ベンチに座ってダンベルを持つ。そこから両腕を側方に開き、肘を曲げて肩より低い位置まで肘を下げる。

体の側面で
肘を下げる

弧を描くように
左右のダンベルを
近づけていく

2 肘を伸ばしながらダンベルを頭上へ持ち上げる。弧を描くような軌道で手幅を狭めながら、肘が伸びきる直前まで伸ばして、肩関節を広い可動域で動かしていく。

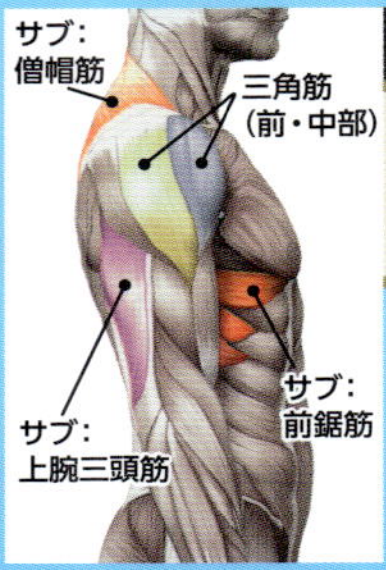

三角筋（前・中部）の種目4

フリーウエイト

バーベルバックプレス

運動のボリュームが大きいバーベルのプレス種目

ダンベルで行う場合より高重量を扱えるが、可動域はやや狭くなる。首の後ろから挙上することで三角筋の中部寄りを中心に鍛えられる。

1 ベンチに座ってバーベルのバーを首の後ろで持つ。手幅は前腕部が垂直になる位置が目安。バーは耳の高さに合わせる。この種目は立った状態で行う方法もあるが座ったほうが上体は安定する。

POINT!

**上体を立てたまま
バーベルを挙げる**

上体を反らさず真っすぐに立てたままバーベルを頭上に挙上することで三角筋の前・中部に負荷が集まる。

バリエーション

バーベル フロントプレス

バーベルを首の前方から挙げる。三角筋前部と前鋸筋が鍛えられる。バックプレスより狭い手幅で軽く胸を張って挙上する。

背もたれのある
ベンチを使うと
安全性が高まる

2

肘を伸ばしながらバーベルを頭上へ挙上する。上体を真っすぐに立てたまま肘が伸びきる直前まで伸ばす。アジャストベンチ（※P.50で使用しているベンチを参照）の背もたれを高く設定し、後ろにもたれた状態で安全に実施する方法もある。

NG

背中が反る

挙上時に背中が反ってしまうと腰を痛めやすいのでNG。高重量を扱う場合は特に背中が反りやすくなるので注意する。

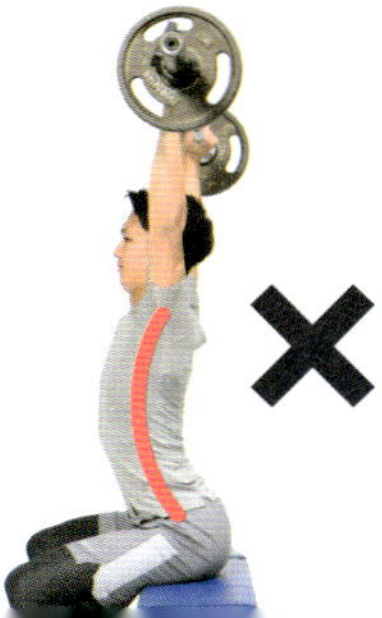

上腕二頭筋

カール系は肩関節角度と前腕の回内・回外角度を動かして変化させるとターゲットの筋が変わる

肘関節を曲げる動きに負荷を掛ける

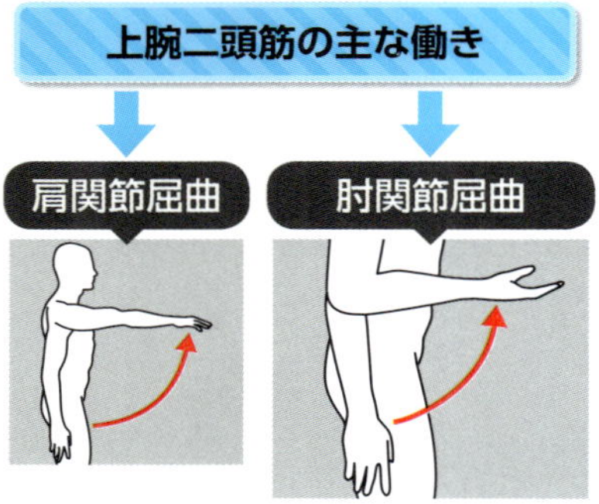

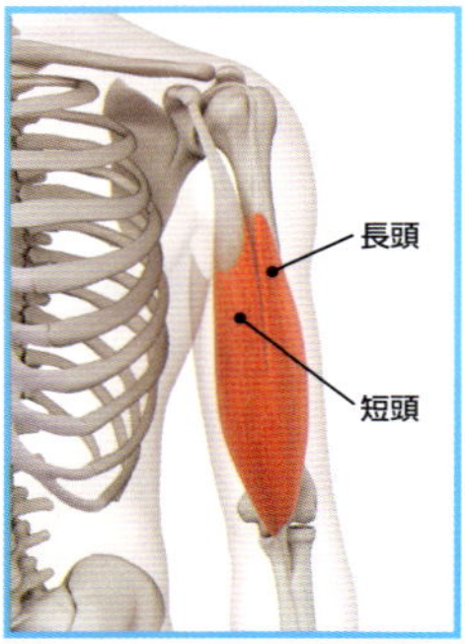

チューブカールとマシンカールは、肘を伸ばしたスタートでも負荷が抜けにくい。伸張位の負荷は全般的に中間レベルであるが、腕を後方に振り上腕二頭筋を伸ばした状態で負荷を掛けるインクラインカールは伸張位の負荷が強く、ストレッチ効果も高い。カール系は種目によって二関節筋の上腕二頭筋と、単関節筋の上腕筋、腕橈骨筋の貢献バランスが変わるので注意する。

上腕二頭筋の種目一覧と選択基準

▼種目名 ／ ▶項目	運動のボリューム	負荷の抜けにくさ	伸張位の負荷	ストレッチ効果	フォームの習得難易度	自宅での実施
チューブ ➡P.89 チューブアームカール	小	○	弱	低	やや易	○
マシン ➡P.90 マシンアームカール	小	○	中	低	易	×
ケーブル ➡P.89 ケーブルアームカール	小	▲	中	低	やや易	×
フリーウエイト ➡P.91 コンセントレーションカール	小	○	弱	低	普通	○
フリーウエイト ➡P.92 ダンベルカール	小	▲	やや弱	低	普通	○
フリーウエイト ➡P.93 EZ バーカール	小	▲	やや弱	低	普通	×
フリーウエイト ➡P.94 インクラインダンベルカール	小	▲	強	高	普通	×
フリーウエイト ➡P.95 ダンベルハンマーカール	小	▲	中	中	易	○

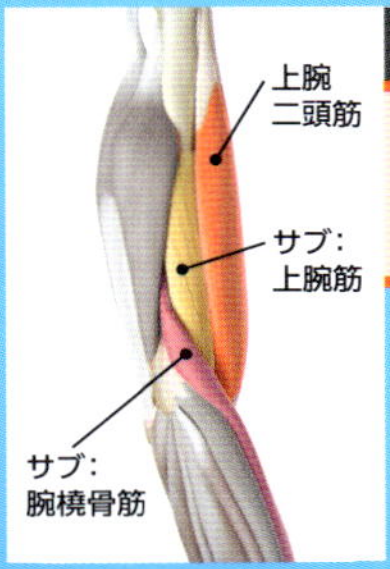

上腕二頭筋の種目1

チューブ

チューブアームカール

上腕二頭筋を自宅で手軽に鍛える方法

スタートでチューブが緩み負荷が軽くなるため、伸張位の負荷も弱い。一方、肘を曲げたポジションでも最後まで負荷が抜けないのが長所。

POINT!

4本指に掛けてチューブを引く

チューブは人差し指から小指の4本指に掛けて引くと上腕二頭筋に効かせやすくなる。細いチューブの場合は小指側からチューブを出して引いていく。

1

チューブの両端を持ち、中心部分を両足で踏む。そこから背すじを伸ばし、手の平を上に向けて肘を軽く曲げ、上腕二頭筋に負荷を掛ける。

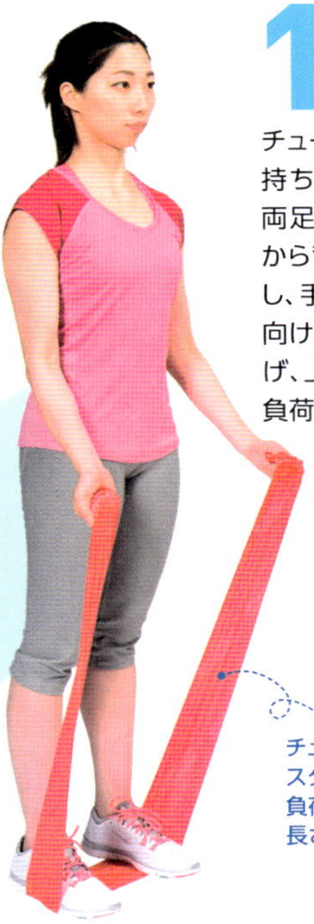
チューブは
スタートから
負荷が掛かる
長さで持つ

チューブは
前腕の角度が
60度程度に
なるまで引く

2

肘の位置を体の側面で固定したまま肘を曲げてチューブを引く。上体を動かさず小指側から肘を曲げていくと上腕二頭筋に効かせられる。

バリエーション

**ケーブル
アームカール**

ケーブルマシンで行うアームカール。ケーブルの起点を最も低い位置にセットしてストレートバーを引き上げる。肘を伸ばしたスタートポジションでも負荷が抜けない。

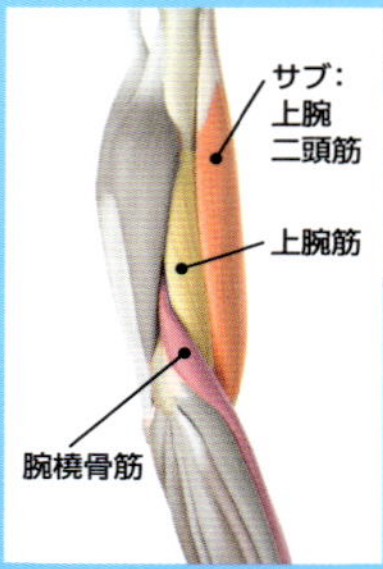
サブ：
上腕
二頭筋
上腕筋
腕橈骨筋

上腕二頭筋の種目❷

マシン

マシンアームカール

上腕筋、腕橈骨筋、上腕二頭筋を総合的に鍛える

腕を前方に振り二関節筋の上腕二頭筋が緩んだ状態で肘を曲げるため、上腕筋と腕橈骨筋の貢献度が大きい。フォームが安定し負荷が抜けない。

バリエーション

マシンハンマーカール

親指を上に向けて肘を曲げるマシンアームカール。上腕筋、腕橈骨筋の貢献度がより高まる。

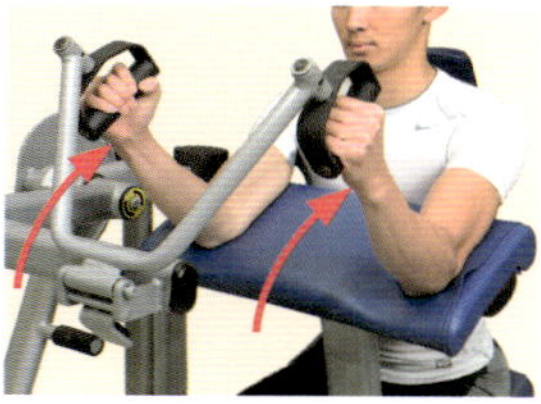

肘を軽く曲げ
上腕の前面に
力を入れる

肘を曲げる際も
肘と上腕後面は
パッドに密着

1 パッドに肘と上腕後面が接着する位置にシートの高さをセットする。そこから前方のレバーを握り、肘を軽くを曲げる。

2 レバーを巻き上げるように肘を曲げる。パッドに肘と上腕後面を密着させたまま肘先だけを動かす。このマシンは肘を曲げても負荷が抜けにくい長所があるため、肘を深く曲げて可動域をできるだけ大きくしたい。

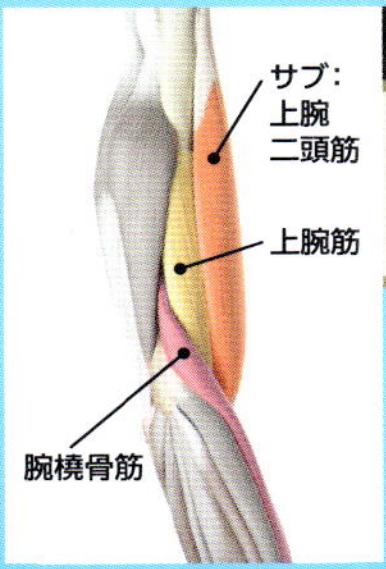
サブ：
上腕
二頭筋
上腕筋
腕橈骨筋

上腕二頭筋の種目3

フリーウエイト

コンセントレーションカール

上腕筋、腕橈骨筋を中心に上腕前面を鍛える

マシンカールと同様に上腕二頭筋が緩んだ状態で肘を曲げるため、上腕筋と腕橈骨筋の貢献度が大きい。肘を曲げても負荷が抜けない。

NG

肩が回って腕が傾く

肩の位置が動いて上腕部の角度が斜めに傾くと、肘を曲げたフィニッシュで負荷が抜けやすくなる。

1 片手にダンベルを持ってベンチに座り、太ももの内側に腕を当てて肘が動かないように固定する。そこから肘を軽く曲げて上腕前面に力を入れる。

腕は真下に
垂らして
固定する
空いてる手は
太ももにおき
上体を支える

肘を曲げる際も
太ももの内側で
腕を固定
肘を曲げても
負荷が抜けない

2 太ももの内側で腕の位置を固定したまま、肘先だけを動かしてダンベルを巻き上げる。肘は前腕部が45度程度の角度になるまで曲げていく。

上腕二頭筋の種目4

フリーウエイト

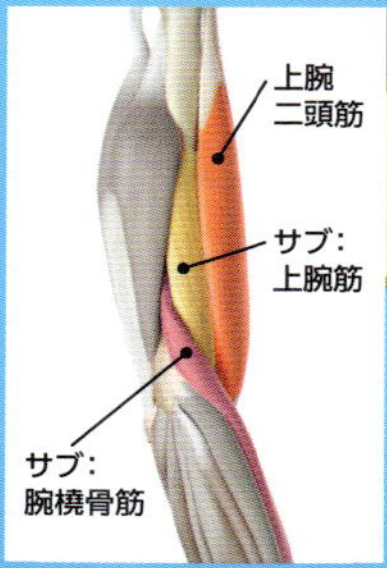

ダンベルカール

上腕二頭筋を中心に肘関節屈曲筋を総合的に鍛える

肘を曲げる動きでダンベルを持ち上げる上腕二頭筋の代表的種目。上腕筋や腕橈骨筋も総合的に鍛えられる。バーベルで行っても良い。

軽く肘を曲げて
上腕二頭筋に
力を入れた状態で
スタートする

1 ダンベルを持って腕を下ろし、手の平を前方に向ける。そこから肘を軽く曲げて上腕二頭筋に負荷を掛ける。

NG

肘が後方に動いて
可動域が狭くなる

ダンベルを下ろすときに肩が回って肘の位置が後方に動くと、肘が伸びなくなり肘関節の可動域が小さくなるため、十分な効果が得られない。

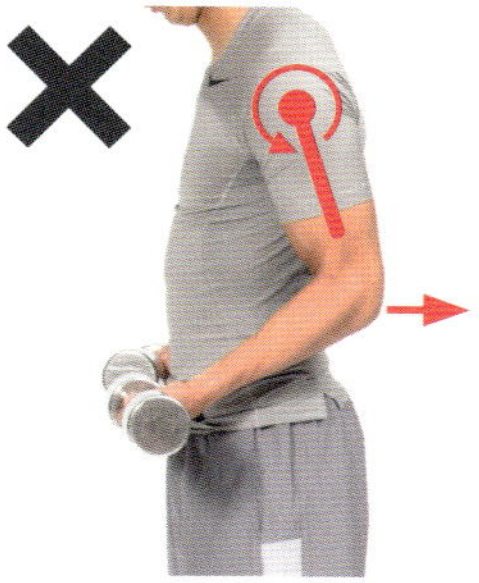

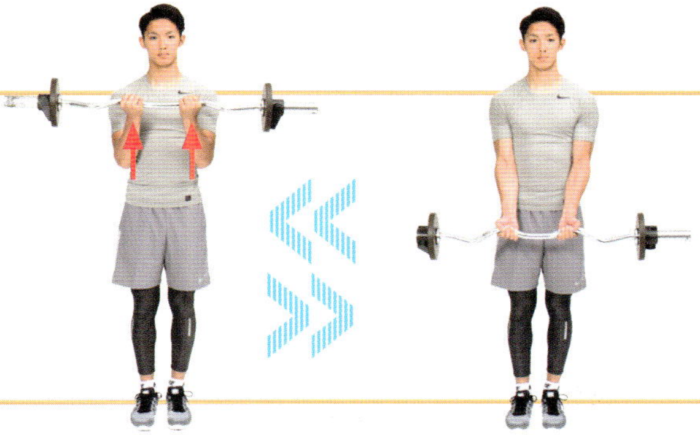

バリエーション

EZバーカール

EZバーを使用するカール種目。前腕が少し内向きにひねられる(回内)ことで上腕筋と腕橈骨筋の貢献度が少し高まり、3つの肘関節屈曲筋をより均等に鍛えることができる。

2 体の側方で肘の位置を固定したまま、肘先だけを動かしてダンベルを巻き上げる。肘は前腕部が水平のラインから45〜60度程度の角度になるまで曲げていく。

上体を固定して
肘の動きだけで
ダンベルを上げる
肘を曲げるとき
肘の位置が少し
前に出るのはOK

バリエーション

オルタネイトダンベルカール

左右交互に肘を曲げていくダンベルカール。肘を曲げる動きが意識しやすくなる。小指から肘を曲げる意識で行うと上腕二頭筋に効かせられる。

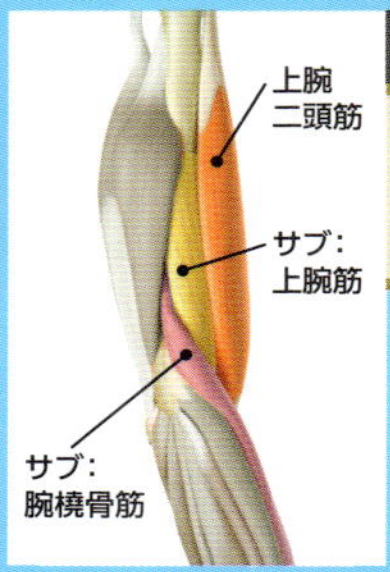
上腕
二頭筋
サブ：
上腕筋
サブ：
腕橈骨筋

上腕二頭筋の種目5

フリーウエイト

インクラインダンベルカール

上腕二頭筋を肩関節から強く伸ばした状態で刺激

腕を後方に引いて二関節筋の上腕二頭筋を強く伸ばした状態で鍛える。伸張位の負荷が強いため筋損傷を得やすい。ストレッチ効果も高い。

1

ダンベルを持って背もたれの角度を45度程度にセットしたベンチに座る。そこから腕を下ろすと肩関節が伸展した状態となり、二関節筋である上腕二頭筋が伸ばされる。肘は軽く曲げて上腕二頭筋に負荷を掛ける。

手の平を
前方に向ける

2

肘の位置を固定したまま、肘先だけを動かしてダンベルを巻き上げる。肘を曲げて巻き上げる動きの最後で肘の位置が少し前に出るのはOK。

背すじは
伸ばしたまま

NG

腕が前方に振られて肘の位置が前に出る

肩関節から腕が動き、肘が前に出てしまった状態で肘を曲げ伸ばししても、上腕二頭筋が緩んだ状態となっているため、負荷は下がってしまう。

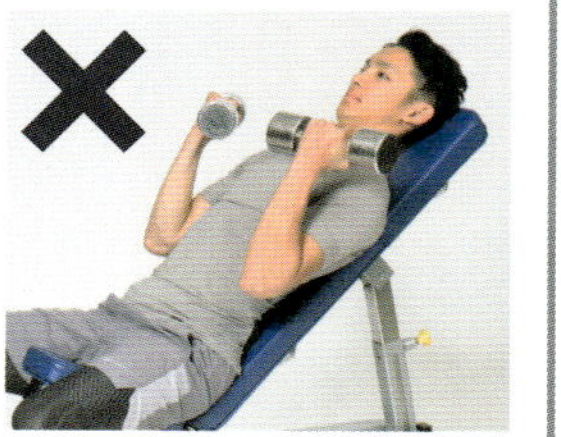

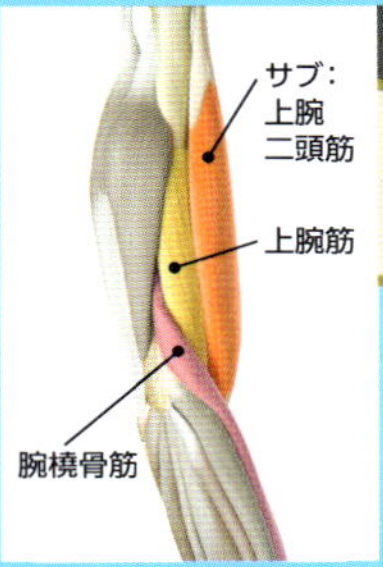

上腕二頭筋の種目6

フリーウエイト

ダンベルハンマーカール

親指から肘を曲げる動きで上腕筋、腕橈骨筋を強化

前腕を内側にひねり回内した状態で上腕筋、腕橈骨筋を狙って鍛える。回内すると上腕二頭筋の橈骨の付着部が動き運動に働きにくくなる。

1

ダンベルを持って腕を下ろし、親指を前方に向ける。そこから肘を軽く曲げて上腕筋、腕橈骨筋に負荷を掛ける。

2

体の側面で肘の位置を固定したまま、肘先だけを動かして親指からダンベルを持ち上げる。肘は前腕部が45度程度の角度まで曲げればOK。

NG

肩の動きで上げる

肘を曲げる動きではなく、肩関節を屈曲する動きでダンベルを上げると、肘関節屈曲筋に負荷が掛からなくなるのでNG。

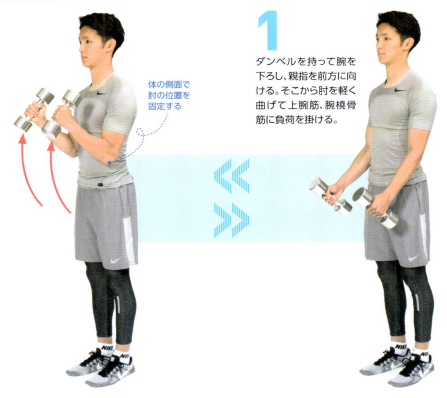

上腕三頭筋

単関節種目のエクステンション系と多関節種目のプレス系に大別される

肘関節を伸ばす動きに負荷を掛ける

上腕三頭筋の主な働き

肩関節伸展

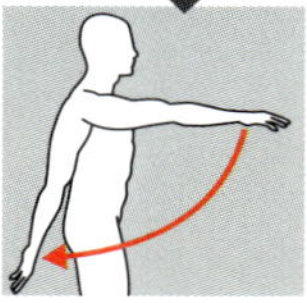

(長頭のみ)

肘関節伸展

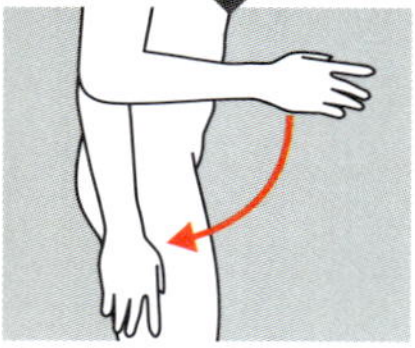

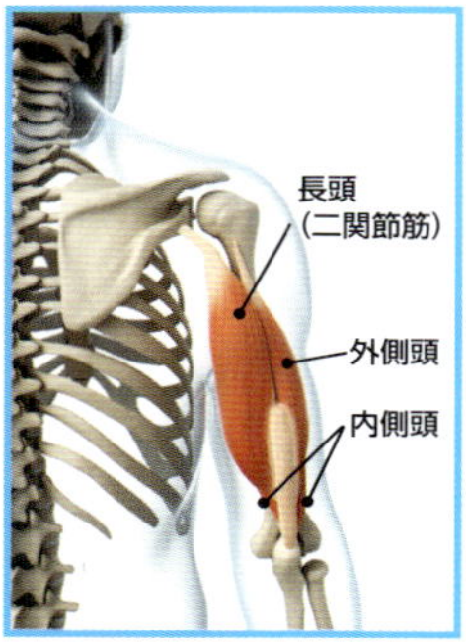

上腕三頭筋は長頭が二関節筋であるため、肩関節から腕を上方に振った状態で肘を伸ばす種目ほど伸張位の負荷が強く、ストレッチ効果も高い。肘関節のみを動かす種目より肘関節と肩関節を連動させる多関節種目のほうが運動のボリュームが大きい。

上腕三頭筋の種目一覧と選択基準

▼種目名 ／ ▶項目	運動のボリューム	負荷の抜けにくさ	伸張位の負荷	ストレッチ効果	フォームの習得難易度	自宅での実施
自重 ➡P.97 リバースプッシュアップ	中	▲	中	やや低	やや易	○
自重 ➡P.98 ナロープッシュアップ	中	▲	中	やや低	やや易	○
チューブ ➡P.105 チューブフレンチプレス	小	○	やや弱	やや高	やや易	○
ケーブル ➡P.100 プレスダウン	やや小	○	やや弱	低	やや易	×
フリーウエイト ➡P.101 キックバック	小	▲	弱	低	やや易	○
フリーウエイト ➡P.102 ライイングエクステンション	やや小	○	やや強	中	普通	×
フリーウエイト ➡P.104 フレンチプレス	やや小	▲	強	やや高	やや易	○
フリーウエイト ➡P.104 ワンハンドフレンチプレス	小	▲	強	やや高	やや易	○
フリーウエイト ➡P.106 ナローグリップベンチプレス	やや大	▲	中	低	普通	×

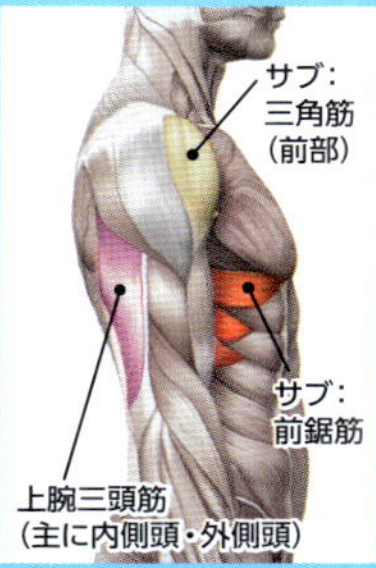

上腕三頭筋の種目1

自重

リバースプッシュアップ

自宅で手軽にできる上腕三頭筋の多関節種目

腕を後方に振って二関節筋である上腕三頭筋の長頭を緩めた状態で肘を伸ばすため、単関節筋である内側頭と外側頭の貢献度が大きめ。

EASY

足のつく位置を体に近づける

膝を曲げて足のつく位置を体に近づけると負荷を下げられる。腕力に自信がない人はこのフォームでOK。

1 イスに背中を向けて座面の縁をつかみ、足を揃えて前方に伸ばす。そこから背すじを伸ばして脇を締める。

上腕部の角度が
水平程度になるまで

2 背すじを伸ばしたまま、肘が90度程度になるまで曲げて上体を沈める。このポジションが伸張位。そこから肘を伸ばして1の体勢に戻す。

上腕三頭筋の種目2

自重

ナロープッシュアップ

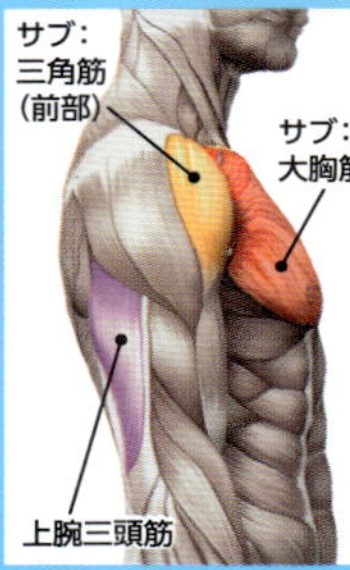
サブ：
三角筋
（前部）
サブ：
大胸筋
上腕三頭筋

自重で手軽に上腕三頭筋を鍛える方法

手幅を狭めて脇を締めることで上腕三頭筋に負荷を集める腕立て伏せ。自重でも負荷は十分。肩関節も連動するため運動のボリュームは大きめ。

お尻が下がらない
ように注意する
両肩の真下に
手をつく
プッシュアップバーを
使用することによって
可動域が広くなる

1

肩幅と同じ手幅で腕立て伏せの体勢を作る。このとき手の位置を通常の腕立て伏せよりも頭側にずらすと上腕三頭筋に負荷が掛かりやすくなる。

POINT!

手幅を肩幅と同じにする

手幅を狭めることで大胸筋の貢献度が下がり、上腕三頭筋メインの運動になる。手幅は狭すぎても難易度が高くなるため肩幅でOK。

EASY

両膝をついて行う

この種目がキツい人は両膝をついて行う方法で負荷を下げれば良い。プッシュアップバーを使わないことも難易度を下げる方法のひとつ。

2

全身を一直線にキープしたまま、肘を曲げて上体を沈める。肩を手先に近づけるように体を沈めると上腕三頭筋に効かせやすい。

肘を深く曲げて
体を沈めていく

3

全身を一直線にキープしたまま、肘を伸ばして体を持ち上げ、1の体勢に戻す。

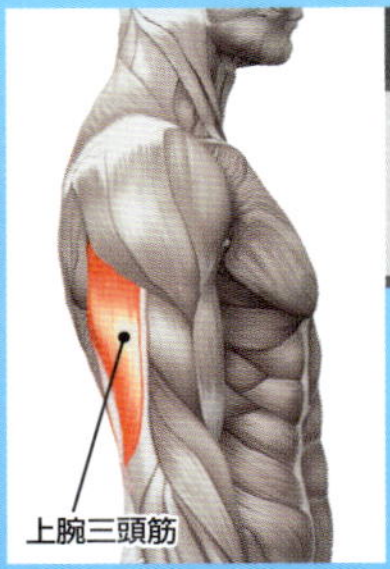

上腕三頭筋の種目3

ケーブル

プレスダウン

簡単なフォームで負荷を抜かずに追い込める

フォームが簡単で追い込みやすい。肘を伸ばしても負荷が抜けない。ケーブルマシンやラットプルダウンのマシンでも実施できる種目。

2 脇を締めたまま肘を伸ばしてケーブルを引き下げる。上体と肘の位置を固定して肘先だけを動かして引いていく。

1 頭上のストレートバーを引き下げ、脇を締めて肘を90度より深く曲げる。手幅は肩幅より狭め。足は前後に開き、背すじを伸ばして上体を前傾させる。ケーブルマシンで行う場合はケーブルの起点を最も高い位置にセットする。

NG

脇が開く

ケーブルを引くときに脇が開くと大胸筋に負荷が分散するのでNG。ただし限界まで追い込む際に最後の力を絞り出す場合は有効なテクニックとなる。

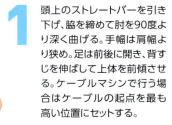

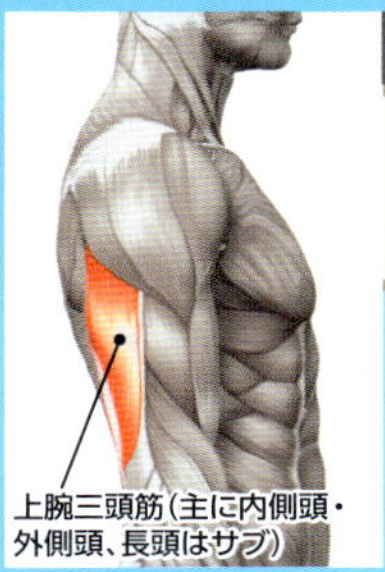
上腕三頭筋（主に内側頭・外側頭、長頭はサブ）

上腕三頭筋の種目4

フリーウエイト

キックバック

内側頭と外側頭を中心に上腕三頭筋全体を鍛える

腕を後方に振り二関節筋の長頭を緩めて内側頭と外側頭を狙って強化。スタートで負荷が抜けやすく伸張位の負荷も弱いが安全に追い込める。

NG

肘が下がる

ダンベルを引き上げるときに肘の位置が下がると肘を伸ばす可動域が狭くなり、上腕三頭筋が十分に鍛えられない。

上腕部が水平以上に
なるまで肘を引き上げる

1 片手にダンベルを持って、もう片方の手と同側の片膝をベンチにつく。そこから上体を前傾させて、ダンベルを持っている腕の上腕部の角度が水平以上になるまで肘を引き上げる。

肩関節を固定して
肘の高さをキープ

2 肘を伸ばしてダンベルを引き上げる。動作を通して肘の高さをキープすることがポイント。

上腕三頭筋の種目5

フリーウエイト

ライイングエクステンション

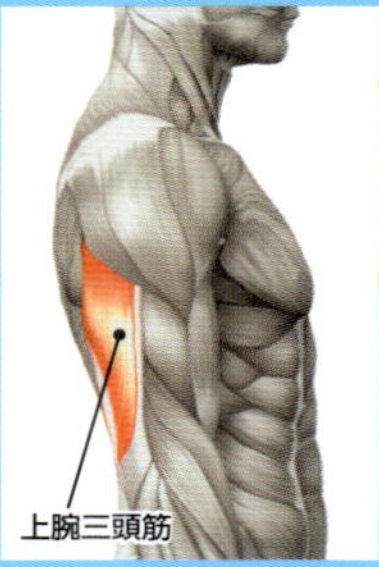
上腕三頭筋

長頭、内側頭、外側頭を全体的に鍛える基本種目

腕を前方に振り上げ二関節筋の長頭を適度に伸ばした状態で鍛える。上腕三頭筋全体が鍛えられて、負荷が抜けにくく伸張位の負荷も高め。

1 EZバーを持ったまま、ベンチに仰向けで寝てバーを上方に挙げる。EZバーは狭い手幅で手の甲を上にして握る。そこから伸ばした腕を頭のほうへ少し倒す。

腕を垂直よりも少し
頭側に倒すことで
バーベルの負荷が
抜けなくなる
CYBEX

ここを握る

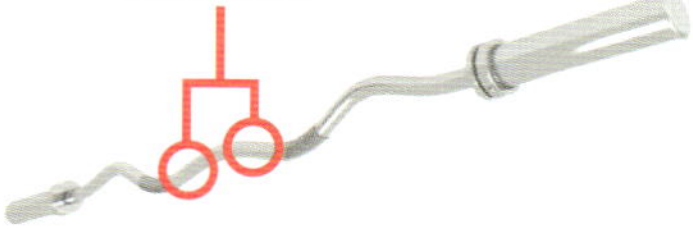

NG

腕が垂直になる ✕

伸ばした腕が垂直のままでは、肘を伸ばしたときに上腕三頭筋への負荷が抜けてしまう。

POINT!

手首を少し曲げる

手首を手の平側に曲げる（掌屈）と力を入れやすい。手首が返ると肘を曲げたときにバーと頭部がぶつかりやすいので注意。

2 肘の位置を固定したまま肘を曲げてバーを下ろしていく。下ろす深さの目安は前腕部が水平より低くなるまで。このポジションが伸張位となる。下げすぎるとバーが頭部とぶつかる危険があるので注意。

肘を支点にして
肘先だけを動かす
CYBEX

3 肘の位置を固定したまま肘を伸ばしてバーを持ち上げ、**1** の体勢に戻す。肘先だけを動かしてバーを持ち上げていく。

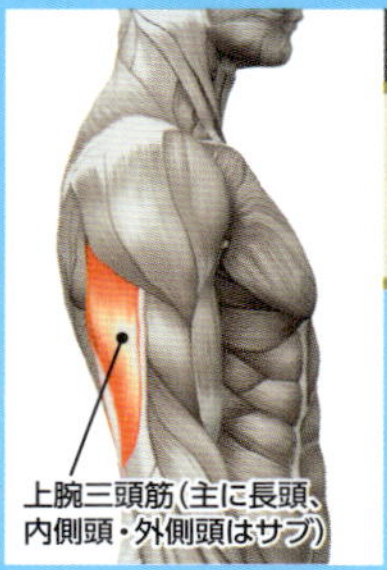
上腕三頭筋(主に長頭、
内側頭・外側頭はサブ)

上腕三頭筋の種目6

フリーウエイト

フレンチプレス

上腕三頭筋の長頭を狙って追い込めるダンベル種目

腕を頭上に上げて二関節筋の長頭を強く伸ばした状態で負荷を掛ける。伸張位の負荷が強いため筋損傷を得やすい。ストレッチ効果も高い。

1 ひとつのダンベルを両手でタテに持ってベンチに座る。そこから肘を伸ばして頭上の後方へダンベルを上げる。

できるだけ
高い位置で
肘を固定する

ダンベルの持ち方

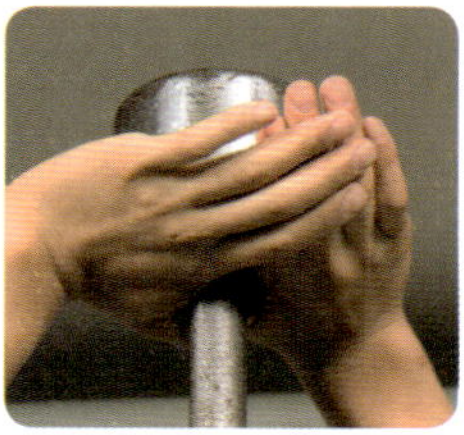

バリエーション

ワンハンドフレンチプレス

片手でダンベルを持つフレンチプレス。両手で行うより肘を深く曲げやすい。

バリエーション

チューブフレンチプレス

チューブで行うフレンチプレス。チューブが緩むスタートポジションの負荷は弱いが、動作を通して負荷が抜けにくい。

1 チューブの両端を持って中心部分を踏む。そこから両腕を頭上に伸ばして肘を曲げる。

2 肘を高い位置で固定したまま肘を伸ばす。肘先だけを動かしてチューブを引いていく。

2

肘の位置を固定したまま肘を曲げてダンベルを下ろしていく。下ろす深さの目安は前腕部が水平より低くなるまで。このポジションが伸張位となる。腕を高く上げた状態で肘を曲げることによって上腕三頭筋の特に長頭が動員される。

肘を高い位置で
固定したまま
肘を曲げていく
CYBEX

CYBEX

3

肘の位置を固定したまま肘を伸ばしてダンベルを持ち上げ、1の体勢に戻す。肘先だけを動かしてダンベルを持ち上げる。

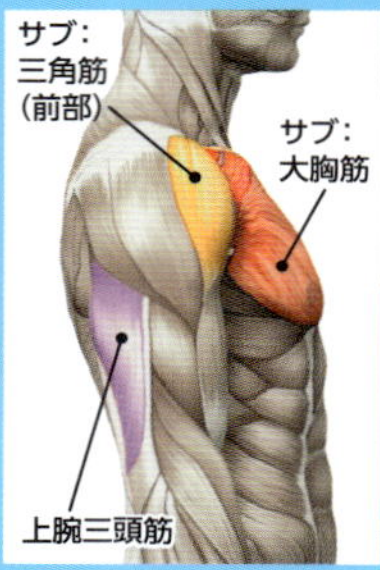

上腕三頭筋の種目7

フリーウエイト

ナローグリップベンチプレス

狭い手幅で上腕三頭筋に効かせるベンチプレス

狭い手幅だと大胸筋の関与が下がるため上腕三頭筋がメインになる。高重量を扱えて重量の移動距離も長いため運動ボリュームが大きい。

1 ベンチプレス用ベンチに仰向けで寝て、肩幅程度の手幅でバーを握る。そこからバーをラックから外し肩の上方に挙げる。

2 肩甲骨を寄せずにバーを乳頭付近に下ろしていく。体に触れるぐらいまでバーを下ろし、肘をしっかり曲げることで上腕三頭筋の可動域が大きくなる。

バリエーション

さらに手幅を狭めたナローベンチプレス

手幅をさらに狭めると、大胸筋の貢献がさらに減って上腕三頭筋の貢献度が高まる。ただし手首を痛めてしまう場合があるので行うときは注意する。

POINT!

肘を適度に左右へ開く

脇を締めず、両肘を適度に左右へ開きながらバーベルを下ろすことで動作しやすくなり、肘を痛めるリスクも低くなる。

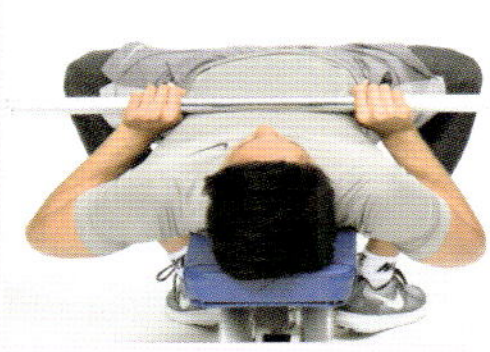

挙上できる重量は
通常のベンチプレスの
70～80%程度に下がる

3 肘を伸ばしてバーを挙上し、1の体勢に戻す。肩関節の動きではなく、肘を伸ばす動き主体でバーを挙げていく。

前腕屈筋群

負荷の抜けにくさ重視のチューブ種目と伸張位の負荷重視のフリーウェイト種目

手首を曲げる動きに負荷を掛けて
前腕前面の屈筋群を鍛える

手関節屈曲

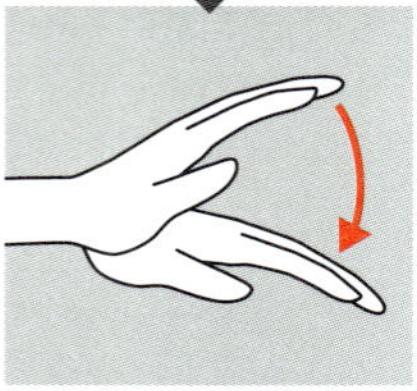

手指の屈曲

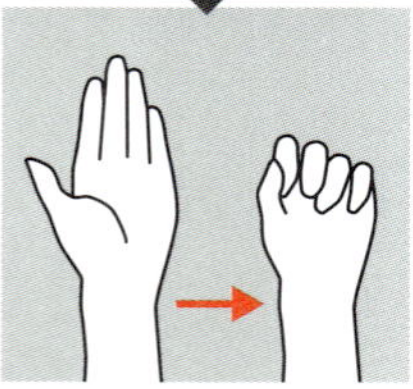

前腕屈筋群の主な働き

手首を手の平側に曲げる手関節屈曲の動きに働く前腕屈筋群は、前腕の前面に集まっている。ダンベルリストカールでは手首を曲げたトップポジションで負荷が抜けやすいのに対し、チューブリストカールやケーブルリストカールは可動域全般にわたり負荷が抜けにくい。いずれの種目も、前腕の小さな筋肉のみを動員する単関節種目であるため、運動のボリュームは小さい。
また前腕屈筋群の浅指屈筋と深指屈筋は、親指以外の4本指を曲げて手を握る動きの主働筋でもあるため、手首と一緒に4本指も曲げ伸ばしすることで可動域が広がり、負荷も高まる。

前腕屈筋群の種目一覧と選択基準

▶項目 / ▼種目名	運動のボリューム	負荷の抜けにくさ	伸張位の負荷	ストレッチ効果	フォームの習得難易度	自宅での実施
チューブ チューブリストカール ➡P.109	小	○	弱	低	普通	○
ケーブル ケーブルリストカール ➡P.109	小	○	中	中	普通	×
フリーウエイト ダンベルリストカール ➡P.110	小	▲	中	中	普通	○

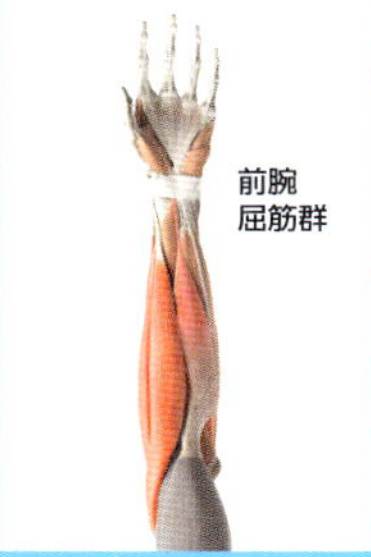
前腕
屈筋群

前腕屈筋群の種目1

チューブ

チューブリストカール

前腕屈筋群をチューブで手軽に鍛える方法

スタートでチューブが緩むため伸張位の負荷は相対的にやや弱め。指が伸ばせない難点もあるが、動作を通して負荷が抜けないのが長所。

1 イスに座ってチューブの両端を持ち、中心部分を両足で踏む。太ももに前腕部をおき、手首が反り返る長さにチューブを握り直して長さを調節する。

2 前腕部を太ももの上で固定したまま手首を上方に曲げる。手首を曲げる動きだけでなく、指を握りこむ動きも意識すると前腕屈筋群がより収縮する。

チューブは
人差し指〜小指
の4本で握る

バリエーション

ケーブル リストカール

ケーブルマシンで行うリストカール。ケーブルのアームを真横に倒し、片手でグリップを持ち片膝の体勢になる。そこから膝に肘を乗せて固定する。負荷が抜けにくいのがこの種目の長所。

スタートでは
指も少し開いて
手の平を伸ばす

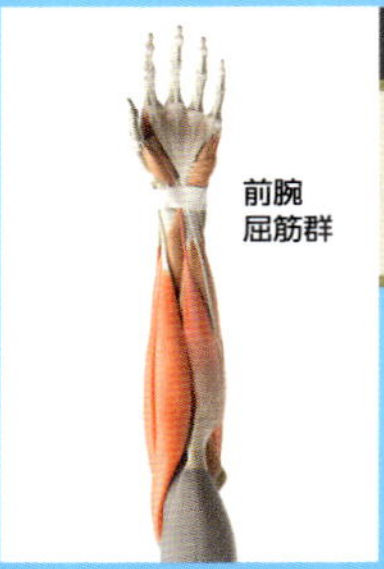
前腕
屈筋群

前腕屈筋群の種目 2

フリーウエイト

ダンベルリストカール

指から広い可動域で動かし前腕屈筋群を鍛える

スタートで手の平を開けるためチューブより前腕屈筋群を伸ばせる。手首を曲げたトップポジションで負荷が抜けてしまうのがやや難点。

1 ダンベルを持ったままベンチに前腕部をおく。そこからダンベルの重さで手首を返しながら、同時に指も伸ばしていく。手首と指の両方を動かすことで前腕屈筋群が全体的に鍛えられる。

4本指の指先で
引っ掛けるように
ダンベルを持つ

2 ベンチに前腕部を固定したまま手首と指を曲げる。指先から手首を丸め込むように曲げてダンベルを持ち上げる。自宅で行う場合はチューブリストカールと同じようにイスに座って行う。

バリエーション

ダンベルリバースリストカール

前腕後面の前腕伸筋群を鍛えるリストカール。手の甲を上に向け、手首を返す動きに負荷を掛ける。

2 ダンベルを「ハの字」にすると手首がしっかり返る。

1 ダンベルの重さで手首を折り曲げ前腕後面を伸ばす。

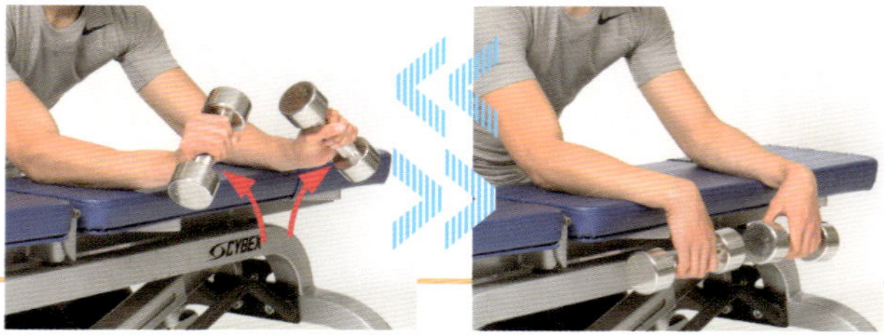

第4章

尻・脚の筋トレ

尻のトレーニングはお尻を形成する大殿筋とお尻側部の中殿筋を高強度の負荷で鍛える。脚のトレーニングは、大腿部を太もも前面の大腿四頭筋、太もも裏面のハムストリング、太もも内側の内転筋群に3分割して鍛える。骨盤前面の腸腰筋やふくらはぎの筋肉も鍛える。

大殿筋

負荷の抜けにくさ重視のヒップスラスト系と総合的に優れた片足スクワット・デッド系

脚を後方に振るまたは上体を起こす股関節伸展の動きに負荷を掛ける

股関節伸展

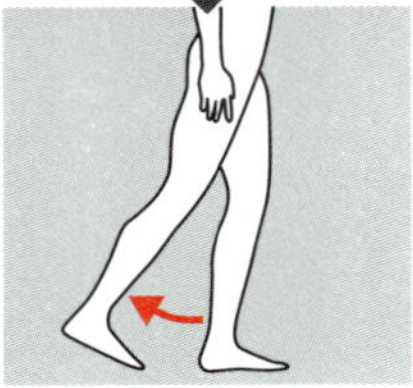

大殿筋の主な働き

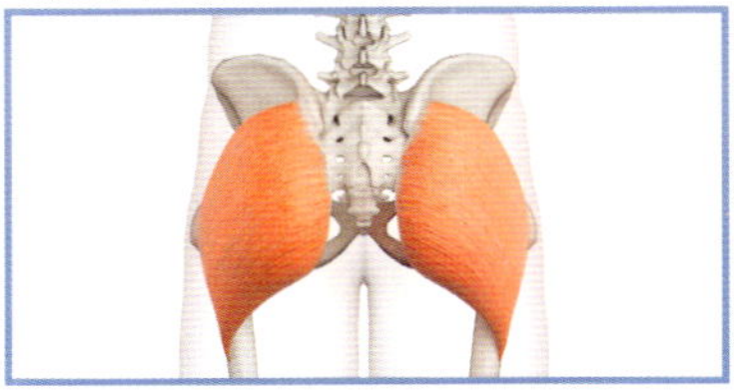

体積の大きい大殿筋の種目は総じて運動のボリュームが大きめ。ヒップスラストは負荷が抜けにくいのが長所であるが、伸張位の負荷が弱いという短所もある。対照的にブルガリアンスクワットや片足デッドリフトなどの片足種目は伸張位の負荷が強く、ストレッチ効果も高い。股関節の動きに膝関節も動員され、さらに後ろ足にも荷重が掛かるため運動のボリュームが大きい。

大殿筋の種目一覧と選択基準

▼種目名 / ▶項目	運動のボリューム	負荷の抜けにくさ	伸張位の負荷	ストレッチ効果	フォームの習得難易度	自宅での実施
自重 ➡P.113 自重ヒップスラスト	中	○	やや弱	低	やや易	○
自重 ➡P.113 片足自重ヒップスラスト	中	○	やや弱	低	やや易	○
マシン ➡P.114 ヒップエクステンション	中	▲	中	中	易	×
ケーブル ➡P.115 ケーブルヒップエクステンション	中	▲	中	中	やや易	×
フリーウエイト ➡P.116 ブルガリアンスクワット	大	▲	強	やや高	普通	○
フリーウエイト ➡P.117 片足デッドリフト	大	▲	強	やや高	やや難	○
フリーウエイト ➡P.118 ヒップスラスト	やや大	○	やや弱	低	やや易	×
フリーウエイト ➡P.119 バーベルバックランジ	やや大	×	強	やや高	普通	×

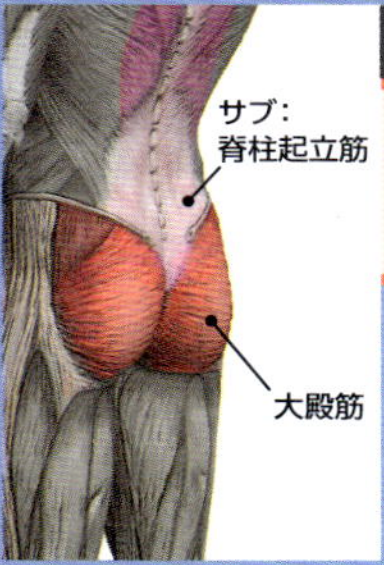

大殿筋の種目1

自重

自重ヒップスラスト

自重の負荷で手軽に大殿筋を鍛える方法

股関節を伸展してお尻を持ち上げる動きで大殿筋を鍛える自重種目。最後まで負荷が抜けにくいのが長所。お尻だけを鍛えたい人に最適。

1 イスに背中の上部を乗せ、背中を反らせながらお尻を下げて股関節を屈曲する。両手は胸の前で組む。イスは壁際において動かないように固定すると良い。

お尻を上げやすい
位置に足をつく

膝より高い位置まで
骨盤を持ち上げる

2 お尻を水平よりも高く持ち上げる。足裏で床を真下へ押すイメージで力を入れる。イスの座面が硬い場合は座布団やクッションを敷いて行う。

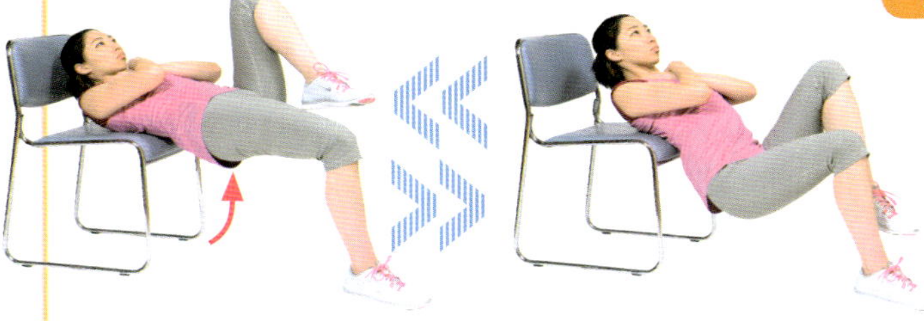

バリエーション

片足自重ヒップスラスト

片足で行うことによって高い負荷で追い込んでいくバリエーション。フォームは両足で行う場合とほぼ同じ。

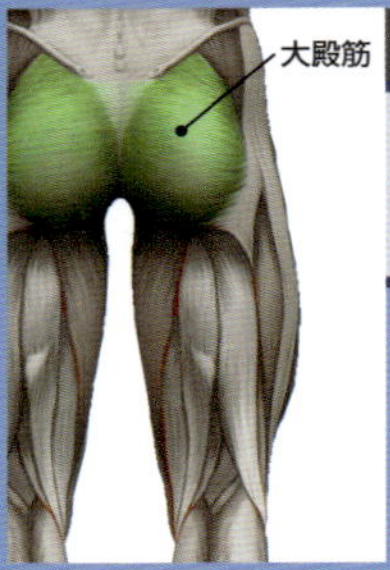
大殿筋

大殿筋の種目2

マシン

ヒップエクステンション

脚を振る可動域が広く大殿筋に効かせやすい

太ももを後方へ振る動きに直接負荷が掛かり、大殿筋に効かせやすい。フォームは簡単ながら可動域が広い。安全に限界まで追い込める。

POINT!

マシンの回転軸に股関節を合わせる

マシンのアームの起点に股関節を合わせると回転軸が重なり、スムーズに広い可動域で股関節を伸展できる。

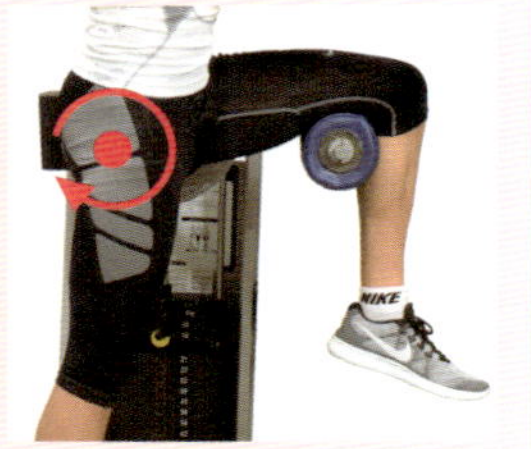

1 横向きでマシン台に乗り、マシン側の膝裏をパッドに乗せる。そこから背すじを伸ばし、太ももが水平の高さになるまでパッドを上げて大殿筋を伸ばす。

太ももを
水平まで上げても
負荷が抜けない
高さにパッドをセット

バーをつかんだ
手で上体を支え、
上体の前傾を
最小限に抑える

2 背すじを伸ばしたまま太もも裏でパッドを押し、太ももをできるだけ後方に振る。上体が前方に倒れると股関節の可動域が狭くなり、大殿筋への負荷が下がってしまうので注意。

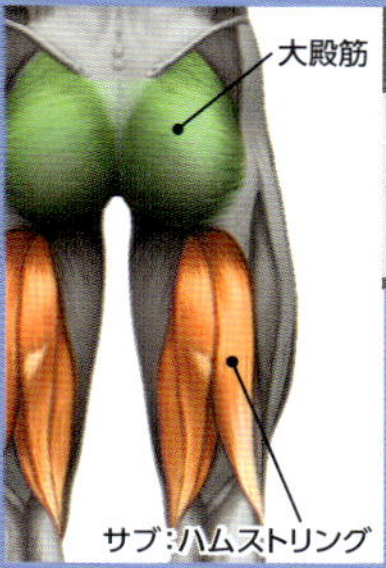
大殿筋
サブ：ハムストリング

大殿筋の種目3

ケーブル

ケーブルヒップエクステンション

ケーブルマシンで行うヒップエクステンション

マシンより股関節の可動域はやや狭くなるが、膝を伸ばせるため、膝関節もまたぐ二関節筋であるハムストリングの貢献度が高くなる。

NG

上体が前方に倒れる

脚を後方へ振るときに上体が前に倒れると、股関節の可動域が狭くなり、大殿筋が十分に鍛えられない。

CYBEX

アームの土台に
片手をついて
上体を支える
CYBEX
NIKE

1 ケーブルの起点を膝よりやや低い位置にセットし、起点側の足の足首にアンクルストラップを巻く。そこから背すじを伸ばして片足で起点の方向を向く。

上体の前傾を
最小限に抑える
CYBEX
NIKE

2 上体を垂直に立てた背すじを伸ばしたまま脚を後方に振ってケーブルを引く。膝を伸ばしたままできるだけ後方に振っていく。施設にアンクルストラップがおいてなければ通販でも安価で購入できる。

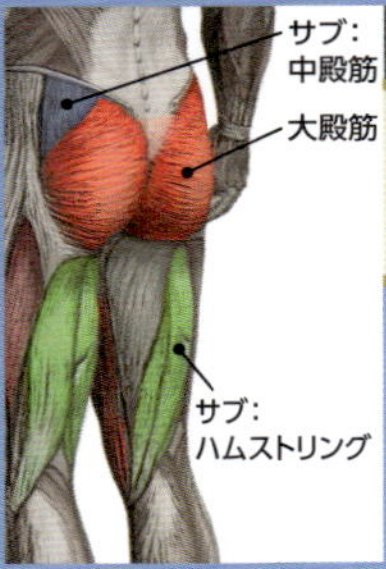
サブ：
中殿筋
大殿筋
サブ：
ハムストリング

大殿筋の種目4

フリーウエイト

ブルガリアンスクワット

通常のスクワットより大殿筋に負荷を掛けられる

片足で行う分、通常のスクワットより使用重量が落ちることから、腰背部の負担を減らしつつ、片側の股関節に負荷を集中させられる。

後ろ足への荷重は
小さめに抑える
（前足と後ろ足で
8：2のイメージ）

NG

膝が前に出る

前脚の膝がつま先より前に出ると、膝関節の貢献度が増し、股関節（大殿筋）に負荷を集中するという長所が薄れる。

1 ベンチに背を向けてダンベルを持ち、片足を後方に引いて足先をベンチに乗せる。そこから背すじを伸ばし、前脚の膝を軽く曲げる。

バリエーション

片足デッドリフト

ブルガリアンスクワットより大殿筋を一層ハードに追い込める片足のデッドリフト。

1 背すじを伸ばしたまま前足に体重を掛けて上体を前方に倒す。

2 背すじを伸ばしたまま上体を起こしていく。

上体は
20〜30度の
角度を目安に
前傾させる

2 背すじを伸ばしたまま、上体を適度に前傾させながらお尻を沈めていく。沈める深さの目安は前脚の太ももが水平になるまで。このポジションが大殿筋の伸張位となる。

3 背すじを伸ばしたまま1の体勢に戻す。動作中は骨盤を水平の状態でキープするため、股関節外転の力（太ももを外側に振る力）も発揮されることから、大殿筋に加えてお尻側部の中殿筋も動員される。

大殿筋の種目5

フリーウエイト

ヒップスラスト

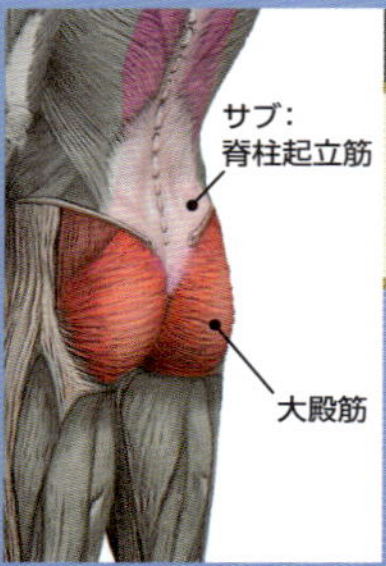
サブ：
脊柱起立筋
大殿筋

バーベルで高負荷を掛けるヒップスラスト

高重量を扱えるヒップスラスト。フォームが簡単で負荷が抜けない。高重量のセッティングが容易なスミスマシンを使って行っても良い。

POINT!

バーが食い込まないように パッドやクッションを使う

バーが体に食い込むと痛いのでバーにパッドを巻くか、バーの下にタオルやクッションを敷くと良い。

1

ベンチに背中の上部を乗せ、背中を反らせながらお尻を下げて股関節を屈曲する。そこから脚の付け根にバーを乗せ、両手で抑えて安定させる。

お尻を上げやすい位置に足をつく

膝より高い位置まで骨盤を持ち上げる

2

お尻を水平かそれ以上の高さまで持ち上げる。足裏で床を真下へ押すように力を入れるのが大殿筋に効かせるポイント。

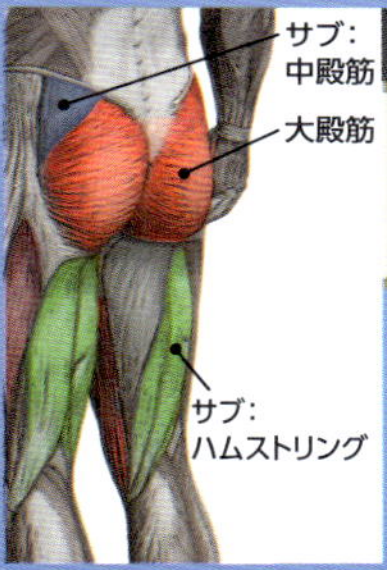

大殿筋の種目❻

フリーウエイト

バーベルバックランジ

大殿筋を中心に下半身の筋群を全体的に鍛える

伸張位の負荷が強く、ストレッチ効果も高い。立ち上がったときに負荷が抜けることと、フォームが不安定で追い込みにくいことが難点。

バリエーション

ダンベルバックランジ

ダンベルを持って行うバックランジ。バーベルで行うより安全でフォームも安定するため限界まで追い込みやすい。

1

ラックからバーを外して担ぐ。そこから背すじを伸ばし、片側の足に重心を移して片足を引く準備をする。

上体を少し前傾させて前足に体重を乗せて動く

2

背すじを伸ばしたまま、軸脚の膝を曲げながらもう片方の足を後方に引いてお尻を深く沈める。このポジションが伸張位。ここから引いた後ろ足を蹴って1の体勢に戻す。

中殿筋

単関節運動で鍛えるマシン・ケーブル種目と多関節運動で鍛える片足デッド系種目

脚を側方へ開く股関節外転の動きや骨盤が傾かないように維持する動きに負荷を掛けて中殿筋を鍛える

股関節外転

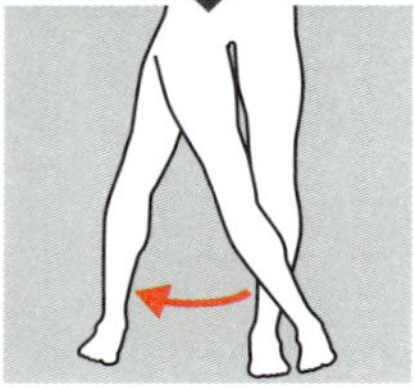

中殿筋の主な働き

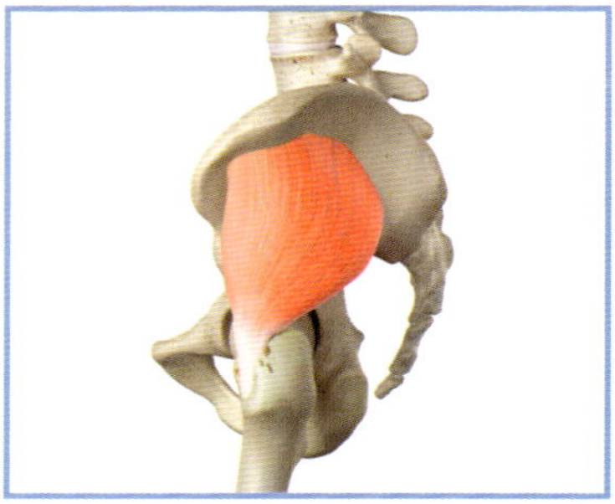

お尻側部の中殿筋は股関節外転の主働筋。中殿筋は大殿筋より体積が小さいため、大殿筋種目に比べて運動のボリュームは小さめ。片手片足デッドリフトでは、立っている軸足と反対側の手に負荷が掛かることにより、上体をひねりながら起き上がる動きとなるため、股関節外転の作用をもつ中殿筋が鍛えられる。ただし中殿筋の筋線維が大きく伸び縮みするわけではないので、大殿筋の片足種目に比べるとストレッチ効果は総じて低めである。

中殿筋の種目一覧と選択基準

▶項目 / ▼種目名	運動のボリューム	負荷の抜けにくさ	伸張位の負荷	ストレッチ効果	フォームの習得難易度	自宅での実施
自重 ➡P.121 自重片手片足デッドリフト	やや小	▲	強	中	やや難	○
チューブ ➡P.121 チューブ片手片足デッドリフト	中	○	中	中	やや難	○
マシン ➡P.122 マシンアブダクション	中	▲	中	低	易	×
ケーブル ➡P.123 ケーブルアブダクション	やや小	▲	中	やや低	やや易	×
フリーウエイト ➡P.124 片手片足デッドリフト	やや大	▲	強	中	やや難	○

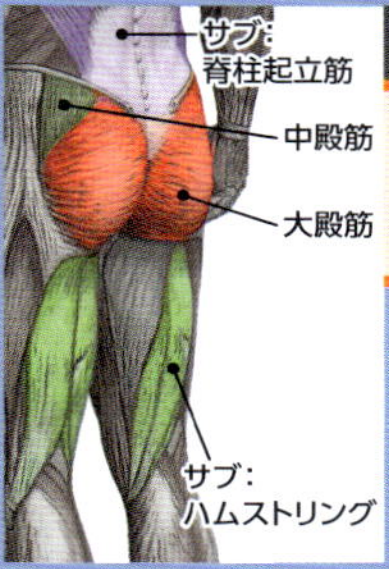

中殿筋の種目1

チューブ

チューブ片手片足デッドリフト

自宅で手軽に中殿筋を鍛えられるチューブ種目

スタートではチューブが緩むものの、起き上がっても負荷は抜けない。チューブを短く持つことにより中殿筋に負荷を掛け続けて追い込める。

バリエーション

自重片手片足デッドリフト

自重で行うバリエーション。背中を反らせたまま脚の付け根から上体を倒す。股関節ではなく背中を丸める動きで倒してしまいやすいので、手は無理に床につけなくて良い。

1

イスや台に手をついた状態から、もう片方の手でチューブの両端を持ち、手と反対側の足で中心部分を踏む。そこから片足立ちとなり上体を起こす。

2

膝を少し曲げながら、主に脚の付け根を支点に上体をひねりながら、両肩と骨盤のラインを斜めに傾けて上体を前方に倒す。そこから上体を起こして1の体勢に戻す。上体を反対方向へひねりながら起き上がる。

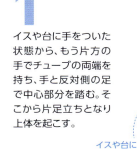

中殿筋の種目2

マシン

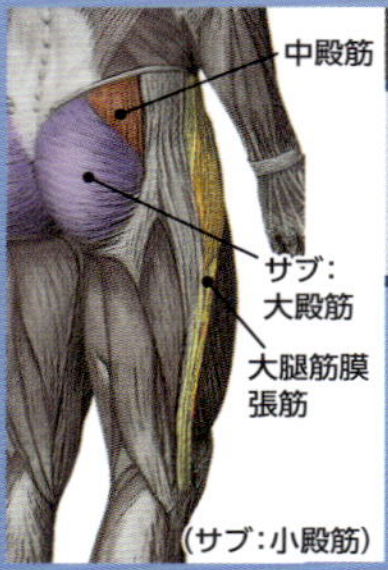
中殿筋
サブ：
大殿筋
大腿筋膜
張筋
（サブ：小殿筋）

マシンアブダクション

脚の軌道が安定し中殿筋に効かせやすいマシン種目

脚の軌道が決まっているためフォームが簡単で中殿筋に効かせやすい。スタートで負荷が抜けやすいが高重量でも安全に限界まで追い込める。

POINT!

脚を閉じたときに負荷を抜かない

開いた脚を閉じるのはマシンの負荷が抜ける寸前のところまで。脚を閉じるたびに負荷が抜けてしまうと筋トレ効果が低くなるので注意する。

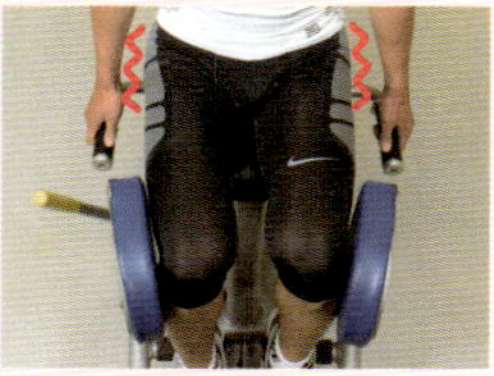

1 シートに座ってレバーをつかみ、膝の外側にパッドを当てる。そこから脚を少し開いて中殿筋に負荷を掛ける。

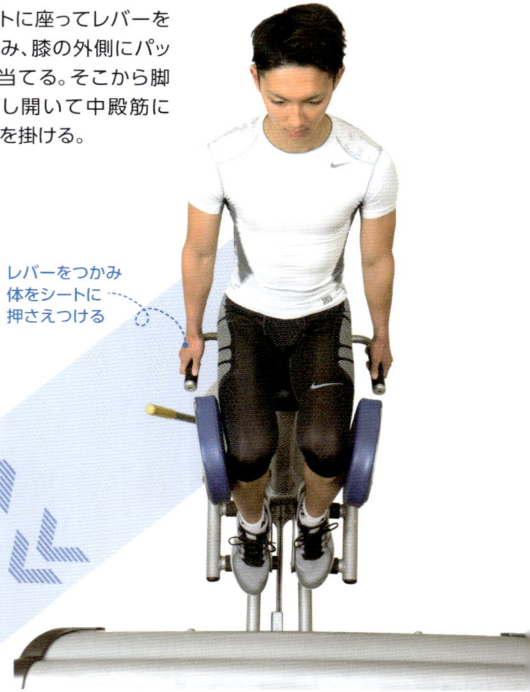
レバーをつかみ
体をシートに
押さえつける

脚をできるだけ
大きく開いて
パッドを押す

2 脚を側方へ開いてパッドを押す。フィニッシュでは負荷が抜けないため、脚を大きく開いて広い可動域で負荷を掛けていく。

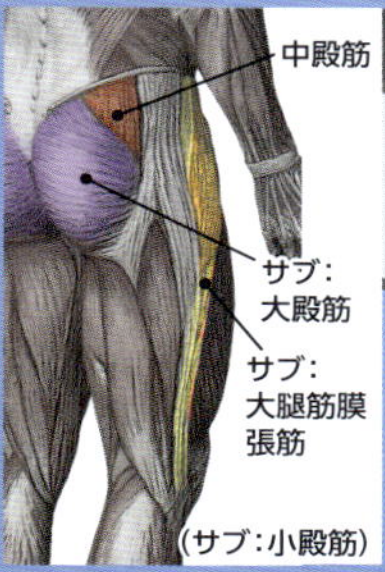

中殿筋の種目3

ケーブル

ケーブルアブダクション

広い可動域で股関節を動かし中殿筋を鍛える

高重量は扱いにくいが、脚を内側へ大きく振って可動域を広げられる。スタートで負荷が抜けやすいものの脚を振り上げても負荷が抜けない。

NG

体が横に倒れて傾く

スタートのときに体が横に倒れて傾くと股関節外転の可動域が狭くなり、中殿筋が十分に鍛えられない。

スタートで
中殿筋への
負荷が抜けない
位置に立つ

1 ケーブルの起点を最も低い位置にセットして起点側の足の足首にアンクルストラップを巻く。そこからマシンに背を向け、外側の脚がケーブルで内側へ引っ張られた状態にする。

2 脚を側方へ振り上げてケーブルを引く。この種目では最後まで負荷が抜けないため、脚を大きく開いて広い可動域で中殿筋に負荷を掛けていく。

中殿筋の種目4

フリーウエイト

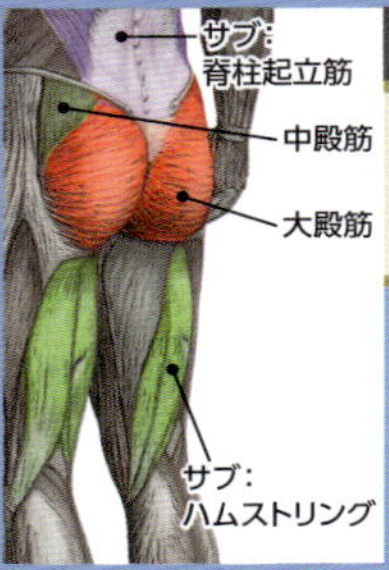

片手片足デッドリフト

中殿筋メインでお尻を鍛える片足のデッドリフト

両足種目では鍛えにくい中殿筋や大殿筋の上部に負荷を掛けられる。伸張位の負荷、ストレッチ効果がともに高く、運動のボリュームも大きめ。

NG

上体が丸まる

背すじが曲がって上体が丸まると股関節の可動域が狭くなり、中殿筋や大殿筋が十分に鍛えられないのでNG。

1 片手にダンベルを持ち、もう片方の手はベンチの立てた背もたれにつく。そこからダンベルを持つ手と反対側の足で片足立ちとなり、上体を起こして背すじを伸ばす。

上体をひねって
左肩を下げながら
上体を斜めに傾け
前方に倒していく

2 膝を少し曲げながら、主に脚の付け根を支点にして、上体を少しひねりながら、両肩のラインを斜めに傾け上体を前方に倒す。

3 上体を反対方向にひねりながら、股関節から上体を起こして1の体勢に戻す。

POINT!

※●動きの支点となる股関節

上体をひねりながら股関節を動かす

両肩と骨盤のラインを傾けながら(右の写真では左肩と骨盤左側を下げる)上体を倒すことで、反対方向へひねりながら起き上がる動きとなるため、中殿筋に負荷が掛かる。

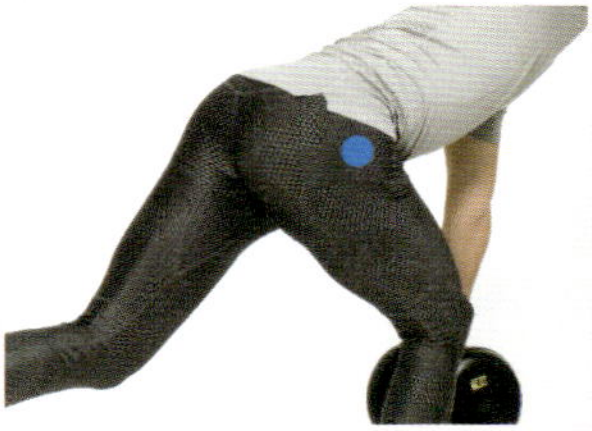

腸腰筋

レッグレイズ系、ヒップフレクション系、シットアップ系の3つに大別される

脚の付け根から脚を前方に振る 股関節屈曲の動きに負荷を掛ける

腸腰筋の主な働き

↓

股関節屈曲

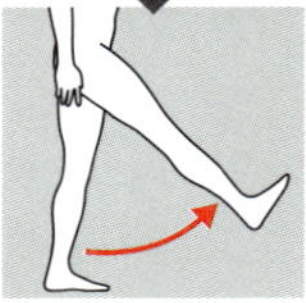

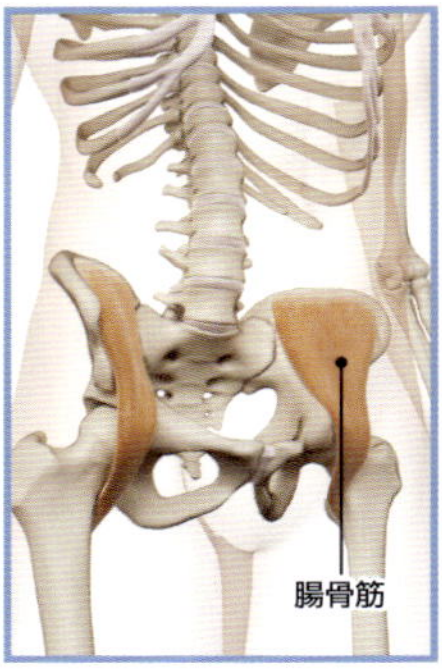

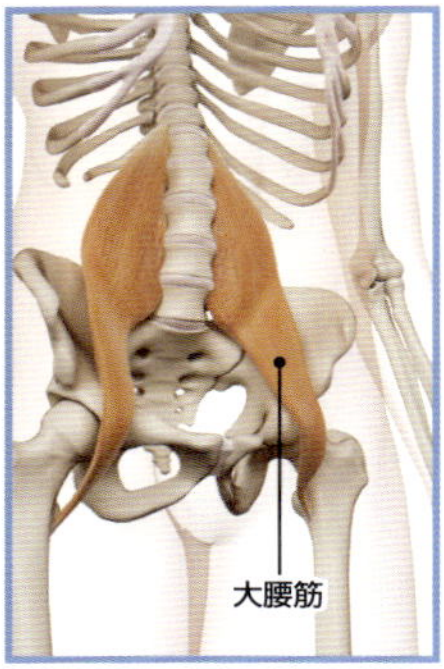

腸腰筋は、股関節屈曲の主働筋である大腰筋と腸骨筋の総称。レッグレイズ系の種目では、ハンギングレッグレイズのように上体を立てて行う種目は短縮位で最大負荷が掛かるのに対し、仰向けに寝て行うラテラルレッグレイズは伸張位で最大負荷が掛かるため、寝て行う種目のほうが伸張位の負荷は大きくなる。マシンやケーブルで行うヒップフレクションは総じて伸張位の負荷が強めであり、ストレッチ効果も高い。この種目では内転筋群の前側も同時に鍛えられる。またレッグレイズ系種目や股関節シットアップは腹直筋も一緒に鍛えられる。

腸腰筋の種目一覧と選択基準

▼種目名 ／ ▶項目	運動のボリューム	負荷の抜けにくさ	伸張位の負荷	ストレッチ効果	フォームの習得難易度	自宅での実施
自重 ラテラルレッグレイズ ➡P.127	やや小	×	やや強	低	易	○
マシン ヒップフレクション ➡P.128	中	○	やや強	やや高	普通	×
ケーブル ケーブルヒップフレクション ➡P.129	中	▲	やや強	やや高	普通	×
フリーウエイト 股関節シットアップ（足固定） ➡P.130	やや大	▲	中	低	やや難	×
フリーウエイト ハンギングレッグレイズ ➡P.131	中	▲	弱	低	普通	×

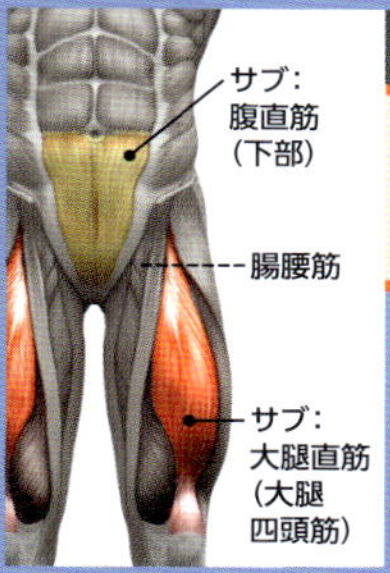

腸腰筋の種目 1

自重

ラテラルレッグレイズ

脚の重さを負荷にして腸腰筋を鍛える自重種目

簡単な動きで腸腰筋が鍛えられる。ベンチに寝ると可動域が広がる。脚を上げると負荷が抜けてしまうが、伸張位で最大の負荷が掛かる。

バリエーション

イスに浅く座って行う

イスに浅く座って脚を振ると、脚を振り上げても負荷が抜けにくくなる。上体を後傾したほうが腸腰筋を伸ばしやすい。

手で上体を
安定させる

1

仰向けに寝て両脚を伸ばし、両足のカカトを床から少し浮かせる。さらに脚の付け根から片脚をゆっくり振り上げる。脚は伸ばしたまま垂直になるまで上げる。体が硬い人は膝が少し曲がってもOK。

2

振り上げた脚を下ろしながら、もう片方の脚を振り上げる。その後も左右の脚を前後逆方向へ振っていく。

マシン

ヒップフレクション

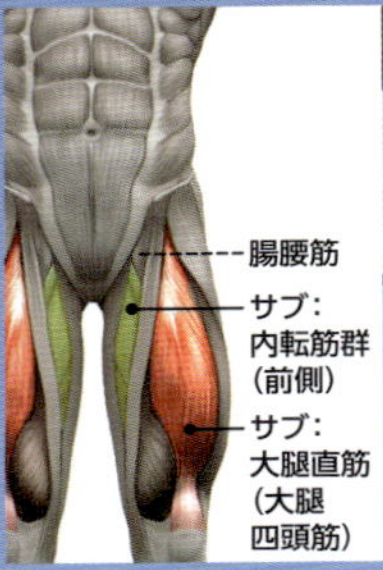
腸腰筋
サブ：内転筋群（前側）
サブ：大腿直筋（大腿四頭筋）

利点が多く高い筋発達効果を望めるマシン種目

負荷が抜けにくく伸張位の負荷も強め。得られる効果が多い優良種目。脚を大きく後方へ振れるため可動域が広く、ストレッチ効果も高め。

NG

股関節の伸展が浅い

脚がしっかり後方へ振られる位置にパッドをセットしないと股関節の可動域が狭くなり、腸腰筋も伸びない。

×

1 横向きでマシン台に乗り、マシン側の太もも下部にパッドを当てる。その脚をできるだけ後方に引いた位置でパッドをセットする。そこから上体を起こし、バーを持った手で上体を支えて安定させる。

体が前方に倒れるのを手で抑える

背すじを伸ばしたまま太ももを前方に振る
膝を曲げながら脚を付け根から前方に振る

2 太もも下部でパッドを押して股関節を屈曲する。膝を曲げながら、できるだけ前方まで太ももを振り出す。このとき背すじを伸ばしたまま動作すると、股関節の可動域を大きくしやすい。

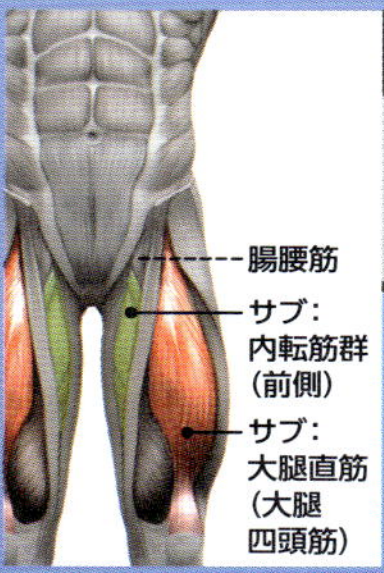
腸腰筋
サブ：
内転筋群
（前側）
サブ：
大腿直筋
（大腿
四頭筋）

腸腰筋の種目3

ケーブル

ケーブルヒップフレクション

ケーブルマシンで行うヒップフレクション

マシンで行う場合と同様の効果を得られるが、負荷は抜けやすくなる。ヒップフレクションのマシンが施設においていない場合の代用種目。

NG

体が前方に倒れる

スタートで脚を後方へ引くときに体が前方に倒れると、股関節の可動域が狭くなり、腸腰筋も伸びないのでNG。

CYBEX

アームの土台に
片手をついて
上体を支える
CYBEX
脚が後方に
振られても
負荷が掛かる
位置に立つ

1 ケーブルの起点を膝よりやや低い位置にセットし、起点側の足の足首にアンクルストラップを巻く。そこから上体を起こしてケーブルの起点に片足立ちで背中を向ける。

膝は少し
曲げてもOK

2 上体を立てたまま脚を前方に振ってケーブルを引いていく。脚の付け根からできるだけ大きく振り上げる。

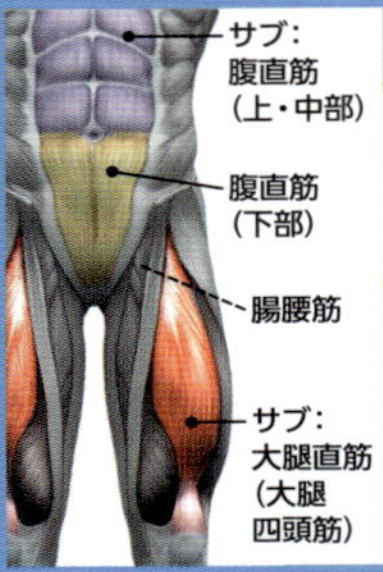

フリーウエイト

股関節シットアップ（足固定）

足を固定することで腸腰筋に効かせる腹筋種目

股関節から起き上がる動きで腸腰筋を鍛える。フォームはやや難しい。
腹直筋の下部も鍛えられて腸腰筋の種目では運動ボリュームが大きめ。

バリエーション

片足股関節シットアップ

片足だけ固定して行うバリエーション。片側の腸腰筋しか働かないため負荷が高まる。

1 ベンチに座ったまま両足をベンチの脚に引っ掛けて固定する。そこからバーベルプレートを後頭部で抱えて仰向けになる。ベンチプレス台のベンチでも代用可。

2 股関節から上体を持ち上げて起き上がる。腰を痛めないために腹筋に力を入れたまま上体が反らないように背中を丸め気味にして起き上がる。最初はプレートを持たずに自重の負荷だけで行っても良い。

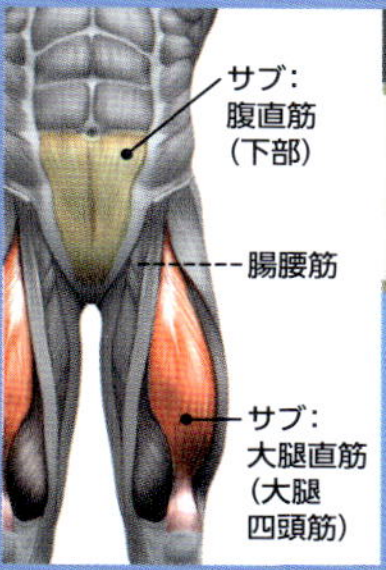
サブ：
腹直筋
（下部）
腸腰筋
サブ：
大腿直筋
（大腿
四頭筋）

腸腰筋の種目5　フリーウエイト

ハンギングレッグレイズ

脚を上げるほど負荷が高まるレッグレイズ

伸張位の負荷が弱くストレッチ効果も低いが、高負荷で追い込める。脚を上げた位置で負荷が最大になる。腹直筋の下部も鍛えられる。

膝を曲げすぎると
腸腰筋への負荷が
下がるので注意

1 チンニング台のバーにぶら下がる。手幅は肩幅より広め。脚の付け根から太ももをわずかに前方へ振って腸腰筋に負荷を掛ける。

2 両足を揃えたまま、主に股関節（脚の付け根）を支点にして脚を水平以上の高さまで持ち上げる。膝は少し曲げてもOK。

※高負荷なので自重が負荷でも
フリーウエイト種目に分類

バリエーション

体幹屈曲をプラス

脚を上げながら脊柱（背骨）も丸めて腹直筋への負荷を高めるバリエーション。腹直筋の貢献度が大きくなる。

大腿四頭筋

単関節運動で丁寧に鍛えるエクステンション系と運動のボリュームが高い多関節種目のスクワット系

膝を伸ばす膝関節伸展の動きに負荷を掛けて鍛える

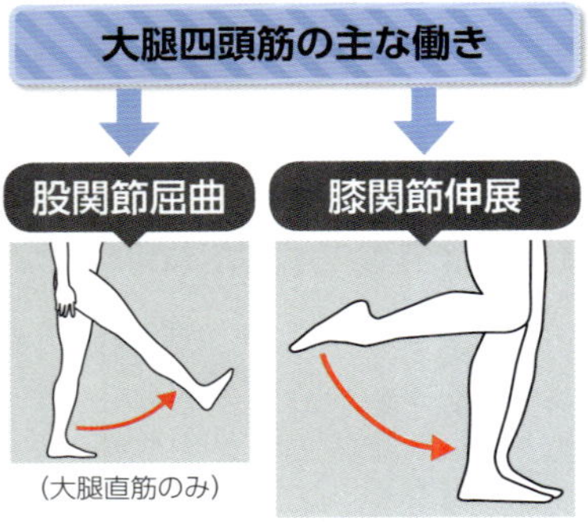

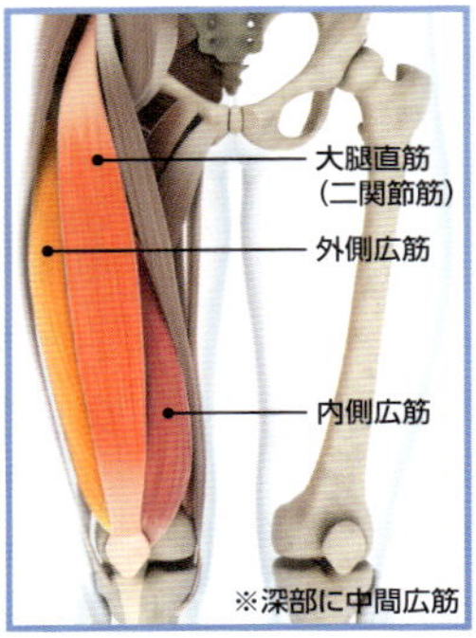

太もも前面の大腿四頭筋は膝関節伸展の主働筋で、二関節筋の大腿直筋のみ股関節屈曲の動きにも働く。大腿四頭筋は人体で最大の筋群であり、どの種目も総じて運動のボリュームは大きめ。特に下半身の大筋群が総動員されるスクワットは全種目を通しても最大の運動ボリュームとなる。スクワット系の種目は伸張位で強い負荷が掛かる反面、立ち上がったトップポジションで負荷が抜けやすいのが短所。立ち上がるときに完全に膝を伸ばしきらないようにすると負荷を抜かずに反復できる。

大腿四頭筋の種目一覧と選択基準

▼種目名 ／ ▶項目	運動のボリューム	負荷の抜けにくさ	伸張位の負荷	ストレッチ効果	フォームの習得難易度	自宅での実施
自重 ヒンズースクワット ➡P.133	やや大	×	やや強	低	普通	○
自重 シシースクワット ➡P.133	中	▲	強	やや高	やや難	○
マシン レッグエクステンション ➡P.134	中	○	やや弱	低	易	×
マシン レッグプレス ➡P.135	大	×	中	低	普通	×
フリーウエイト バーベルスクワット ➡P.136	特大	×	やや強	低	難	×
フリーウエイト フロントスクワット ➡P.137	大	×	強	低	難	×

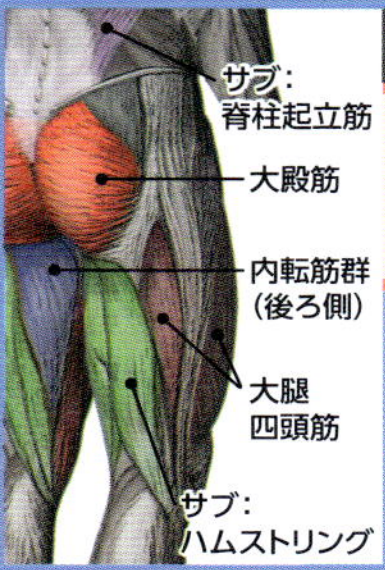

大腿四頭筋の種目1

自重

ヒンズースクワット

自重で大腿四頭筋、大殿筋を中心に下半身を鍛える

下半身を総合的に鍛えられる。自重負荷でも運動ボリュームは大きめ。立ち上がると負荷は抜けるが、伸張位の負荷が強く安全に追い込める。

バリエーション

シシースクワット

膝を曲げながら腰を突き出す動きで大腿四頭筋を強く伸ばすスクワット。二関節筋の大腿直筋も強く伸ばせる。ポールや柱につかまって行う。

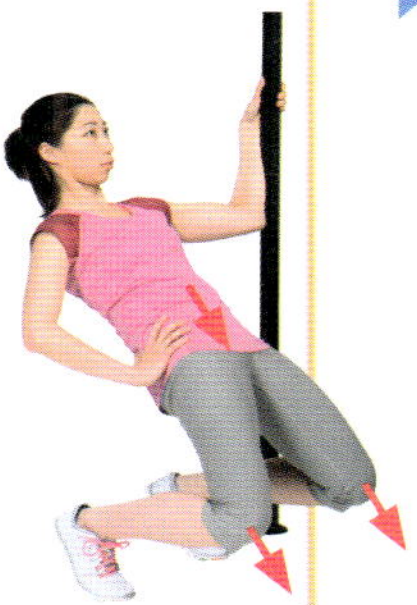

1 肩幅程度の足幅で立ち、つま先を少し外側に向ける。両手は耳の後ろ付近に添える。そこから背すじを伸ばし、膝を少し曲げて大腿四頭筋に力を入れる。

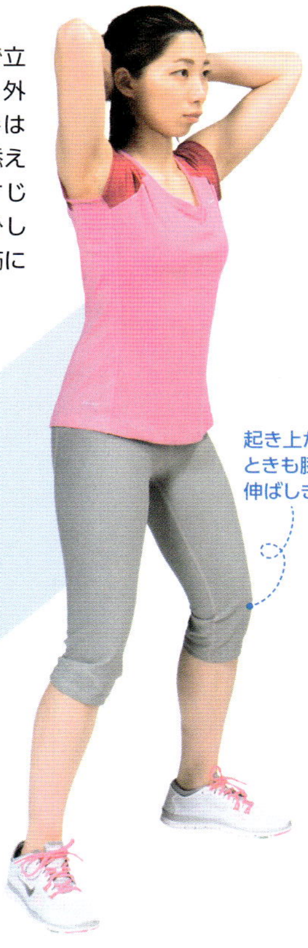
起き上がるときも膝は伸ばしきらない

上体は適度に前傾させる

2 背すじを伸ばしたまま、脚の付け根から上体を前方に倒しながら、膝を曲げてしゃがみ込む。太ももが水平になるまでお尻を下げる。曲げた膝はつま先より少し前に出る程度が目安。このポジションが伸張位となる。そこから膝を伸ばしながら上体を起こして1の体勢に戻す。

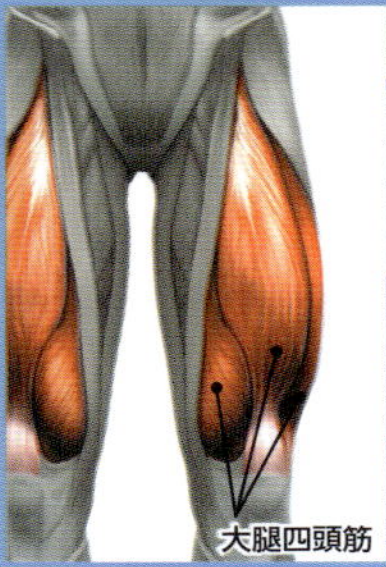

大腿四頭筋の種目2

マシン

レッグエクステンション

大腿四頭筋だけを狙って鍛えられるマシン種目

動きが簡単で大腿四頭筋に効かせやすい。高重量で安全に追い込める。伸張位の負荷は弱いものの、膝を伸ばしても最後まで負荷が抜けない。

NG

お尻が浮き上がる

膝を伸ばすときにお尻が浮くと、上体が後傾して膝関節の可動域が狭くなり、大腿四頭筋が十分に鍛えられない。

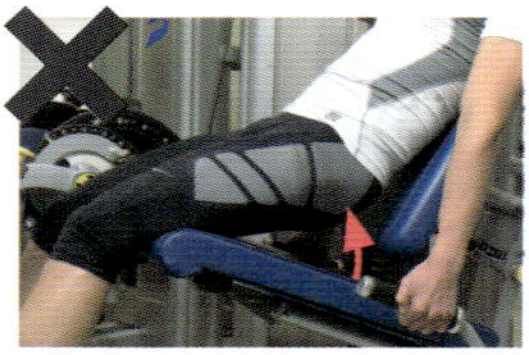

1 シートに座ってレバーをつかみ、足首の前面にパッドを当てる。足幅は腰幅程度。

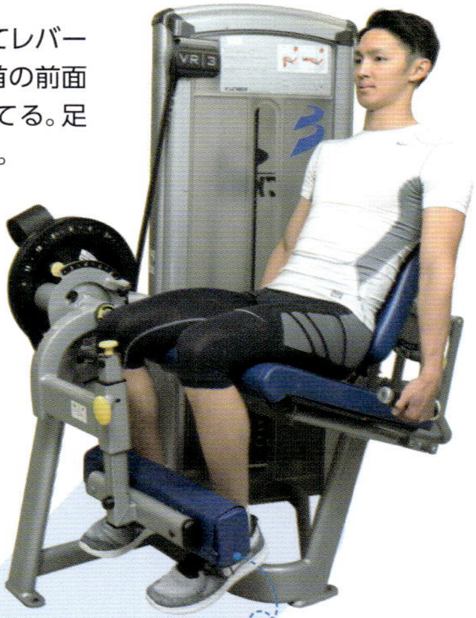

膝を90度以上曲げても負荷が抜けない位置にパッドをセット

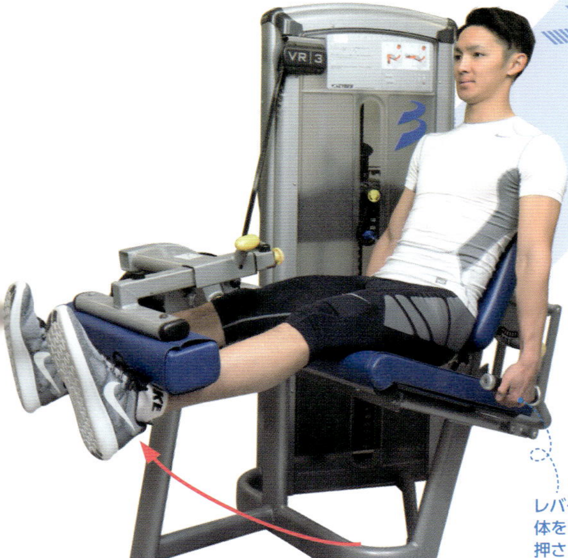

2 膝を伸ばしてパッドを押し上げる。負荷が抜けにくいので膝が伸びるまで上げていく。下ろすときは負荷が抜ける寸前のところまで膝を曲げる。

レバーをつかみ体をシートに押さえつける

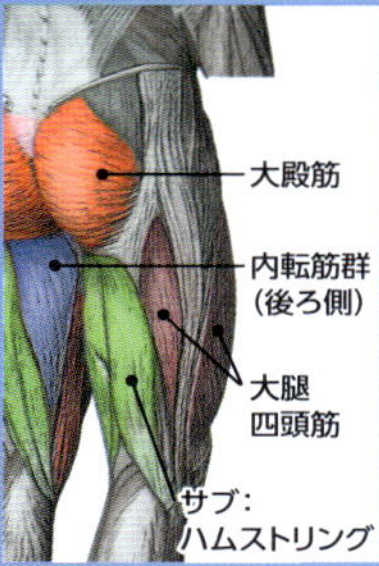
大殿筋
内転筋群
(後ろ側)
大腿
四頭筋
サブ:
ハムストリング

大腿四頭筋の種目3

マシン

レッグプレス

スクワットに近い動きで下半身を総合的に鍛える

スクワットとターゲットの部位はほぼ同じだが、フォームが容易で腰部への負担が小さい。スクワットは敷居が高いという人に最適な種目。

バリエーション

足のつく位置を上げる

足のつく位置を高めにすると大腿四頭筋への負荷が小さくなり、大殿筋への負荷が高まる。プレートからつま先が出てもOK。

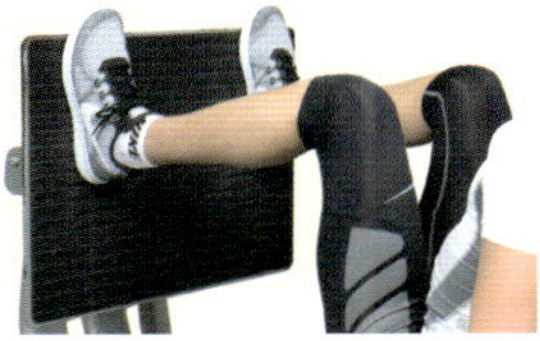

1 プレートの中央付近に足をついてつま先を少し外側に向ける。足幅は腰幅程度。そこからレバーをつかんで背すじを伸ばす。

膝を90度以上
曲げても
負荷が抜けない
位置にシートを
セットする

2 膝を伸ばしてプレートを押す。膝が伸びきる少し前まで押していく。戻すときもゆっくり膝を曲げて負荷を抜かずに反復する。

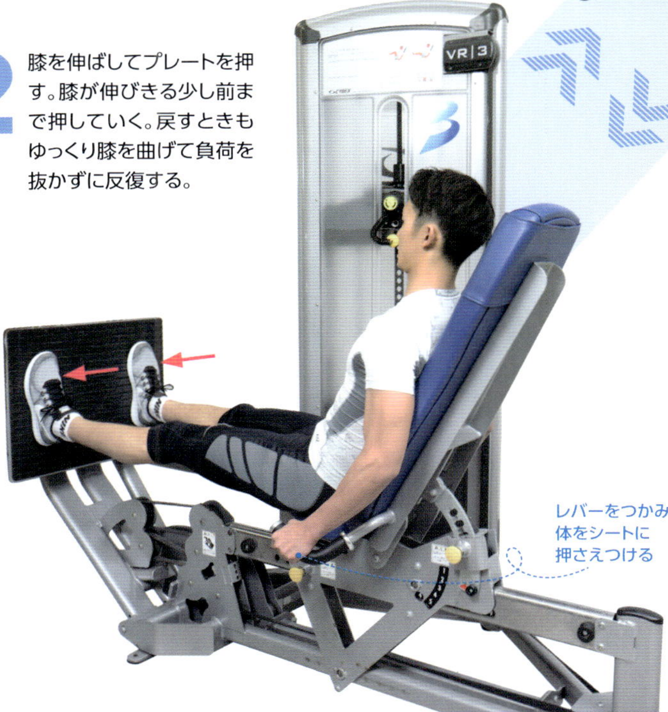
レバーをつかみ
体をシートに
押さえつける

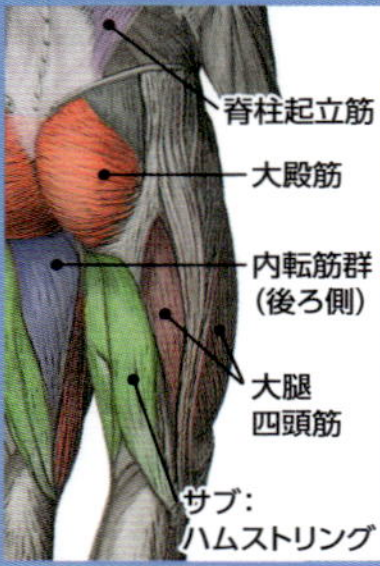

フリーウエイト

バーベルスクワット

高負荷で下半身を総合的に鍛える最強の筋トレ種目

運動のボリュームは最大級。"トレーニングの王様"と称される種目。高重量を扱う場合はセーフティバーを備えたラックで安全に行う。

1 バーベルのバーを肩に担いでラックから外し、背すじを伸ばして立つ。そこから足幅を肩幅程度に開き、つま先を少し外側に向ける。バーは首の骨に当たると痛いため、少し低めで僧帽筋の上に乗せる。

POINT!

曲げた膝はつま先より少し前に出る程度で

膝が前に出すぎると膝に過度な負担が、反対に膝が出なさすぎても上体が過度に前傾して腰に負担が掛かるので注意。

NG

上体が前方に倒れすぎる

上体を前方に倒しすぎると腰を痛めやすくなるのでNG。膝をある程度前に出さないと上体が過度に前傾しやすくなる。

バリエーション

フロントスクワット

バーを両肩の筋肉に乗せ、両腕をクロスしてバーを上から押さえる。

大殿筋への負荷を下げて、大腿四頭筋への負荷を高めるスクワット。フォームは通常のスクワットに比べてしゃがみ込むときの上体の前傾が小さくなる。

2 背すじを伸ばしたまま、脚の付け根から上体を前方に倒しながら膝を曲げてしゃがみ込む。お尻は太ももが水平になるまで下げるのが目安。このポジションが伸張位となる。

ガニ股気味に
膝を曲げていく

3 膝を伸ばしながら、上体を起こして立ち上がる。このときに膝を伸ばしきらないようにすると負荷が抜けにくくなる。

ハムストリング

膝関節を曲げる種目、股関節を伸ばす種目、両方の関節を動かす種目の3つに分類される

股関節伸展の動きと連動しながら膝を曲げる動きに負荷を掛ける

ハムストリングの主な働き

股関節伸展

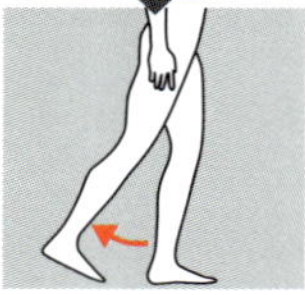

(主に大腿二頭筋)

膝関節屈曲

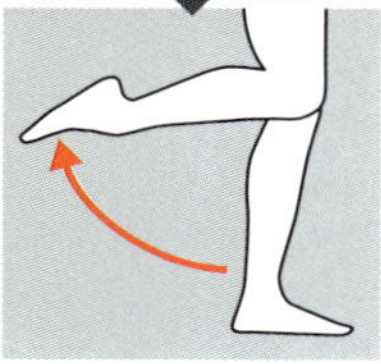

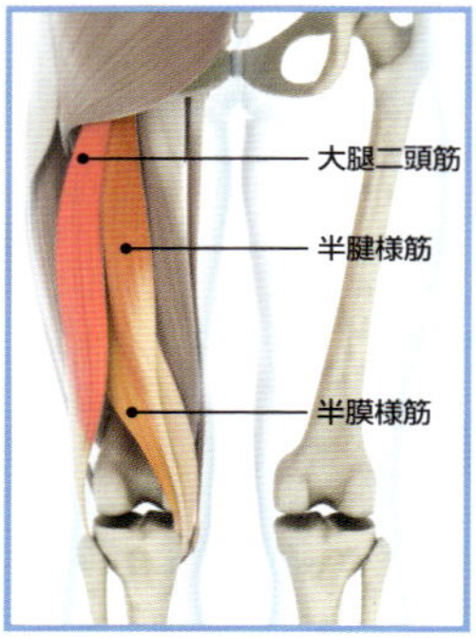

二関節筋であるハムストリングに対して股関節側から負荷をかけるルーマニアンとスティッフレッグドの両デッドリフトは、バーベルを下ろすと前屈のような姿勢となるためストレッチ効果が極めて高く、伸張位の負荷も強い。ヒップリフトやレッグカール、グルートハムレイズは動作を通して負荷が抜けにくいため、筋肉に対して化学的ストレスによる筋発達の刺激を与えやすい。

ハムストリングの種目一覧と選択基準

▶項目 / ▼種目名	運動のボリューム	負荷の抜けにくさ	伸張位の負荷	ストレッチ効果	フォームの習得難易度	自宅での実施
自重 ヒップリフト →P.139	中	○	中	中	普通	○
自重 片足ヒップリフト →P.139	中	○	中	中	普通	○
マシン レッグカール →P.140	中	○	中	中	易	×
フリーウエイト グルートハムレイズ →P.141	やや大	○	やや強	やや高	難	×
フリーウエイト 股関節バックエクステンション →P.142	やや大	▲	中	やや高	普通	×
フリーウエイト ルーマニアンデッドリフト →P.144	大	▲	強	高	やや難	×
フリーウエイト スティッフレッグドデッドリフト →P.145	やや大	▲	強	高	やや難	×

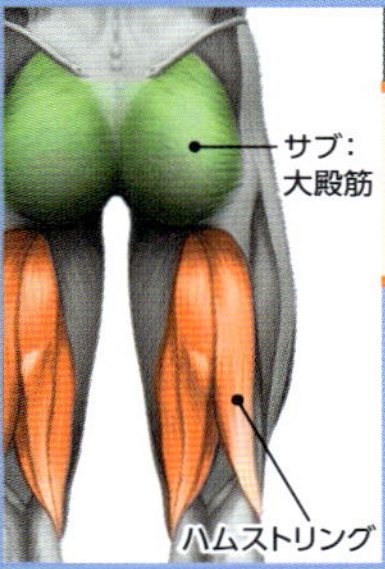
サブ：
大殿筋
ハムストリング

ハムストリングの種目1

自重

ヒップリフト

自重の負荷で手軽にハムストリングを鍛える方法

膝関節の可動域は狭いものの、膝を曲げても最後まで負荷が抜けない。自重種目ながら負荷は高め。片足で行うとより高い負荷で追い込める。

バリエーション

片足ヒップリフト

片足にして負荷を高めるバリエーション。フォームは両足で行う場合とほぼ同じ。

1 イスの前に座って座面にカカトを乗せる。そこから両手をついて背すじを伸ばし、床からお尻を浮かせる。肘を伸ばすだけでお尻が浮く位置に手をつく。

お尻は床に
つけない

2 カカトを支点にして、膝を曲げながらお尻を持ち上げる。上体が水平になる高さまで持ち上げるのが目安となる。

膝を曲げながら
お尻を持ち上げる

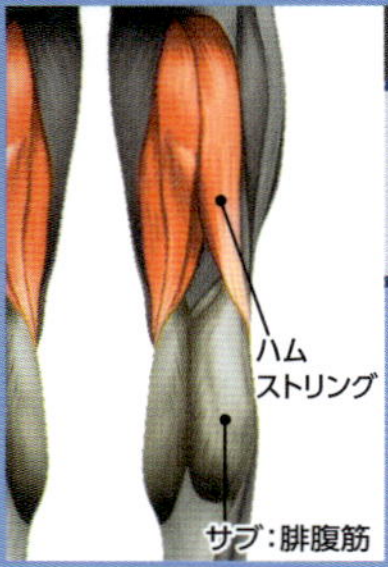

ハムストリングの種目**2**

マシン

レッグカール

ハムストリングを狙って鍛えられるマシン種目

動きが簡単でハムストリングに効かせやすい。安全に追い込める。伸張位の負荷は強くないが、膝を曲げても最後まで負荷が抜けない。

1

シートに座ってレバーをつかみ、足首の後面をパッドに乗せる。足幅は腰幅程度。そこから膝上のパッドを下ろして太ももを固定する。

2

膝を曲げて足先のパッドを押し下げる。この種目は最後まで負荷が抜けないので膝の角度が90度以下になるまで曲げる。戻すときは負荷が抜ける寸前のところまで膝を伸ばす。

足先のパッドは膝を伸ばしても負荷が抜けない位置にセットする

レバーをつかみ体を背もたれに押さえつける

POINT!

太ももが浮かないようにパッドで強く押さえる

膝を曲げるときに太ももがシートから浮くと関節の回転軸とマシンの回転軸がずれるので、太ももが浮かないようにパッドで押さえつける。

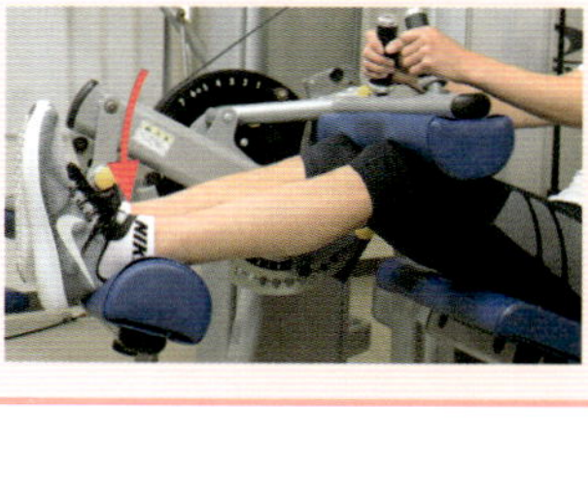

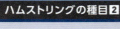

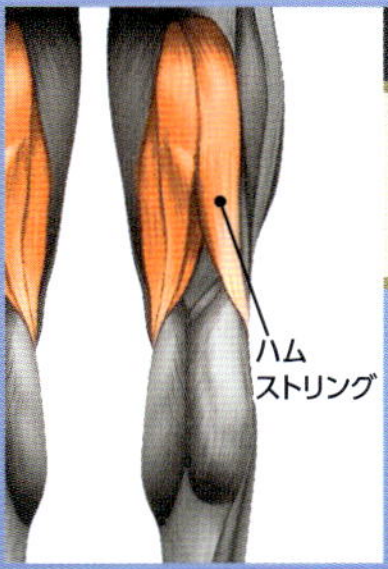
ハム
ストリング

ハムストリングの種目3

フリーウエイト

グルートハムレイズ

膝関節と股関節の連動でハムストリングを鍛える

二関節筋であるハムストリングに筋肉の両端から強い負荷を掛ける。伸張位の負荷が強くストレッチ効果も高い。負荷も最後まで抜けない。

※高負荷なので自重が負荷でも
フリーウエイトに分類

1 45度のローマンチェアに両足を掛け、パッドを骨盤より下の位置に当てる。そこから背すじを伸ばし、膝を伸ばしながらハムストリングに負荷を掛けたまま、股関節から上体を折り曲げる。

2 膝を曲げながら股関節を伸展して上体を起こしていく。膝から上が垂直になる少し手前まで起き上がる。

背すじを伸ばしたまま
股関節を深く屈曲する
膝を伸ばしながら
太もも裏をストレッチ

背すじを
反らせすぎずに
上体を起こす
パッドが硬くて
太ももが痛い場合は
タオルなどを挟む
つま先立ちで動作すると
ハムストリングに効く

POINT!

**太ももの前面に
パッドを当てる**

骨盤より下の位置にパッドを当てると骨盤の動きが制限されない。膝を伸ばしながら脚の付け根から上体を折り曲げる(股関節屈曲)ことで二関節筋のハムストリングが伸びる。

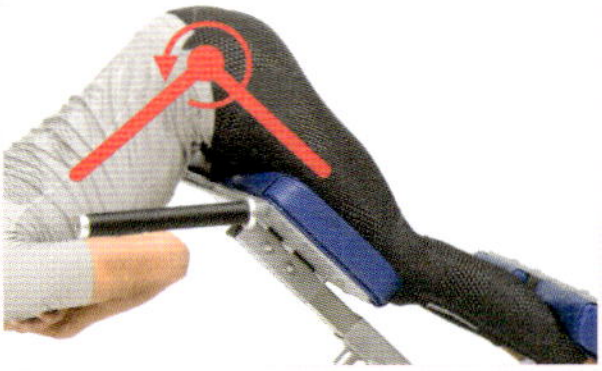

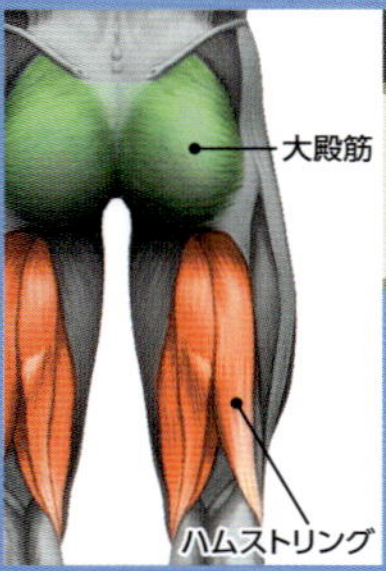

フリーウエイト

股関節バックエクステンション

腰に負担を掛けずハムストリングを追い込める

ストレッチ効果が高く、大殿筋も鍛えられて運動ボリュームも大きめ。
腰への負担が小さく、デッドリフト系種目の代用種目にしても良い。

背すじを伸ばしたまま
股関節を深く屈曲する

膝を伸ばした状態で
股関節(脚の付け根)
を屈曲して
太もも裏を伸ばす

1 後頭部でバーベルプレートを持って、45度のローマンチェアに両脚を掛け、パッドを骨盤より下の位置に当てる。そこから背すじを伸ばし、脚の付け根から上体を折り曲げる。

NG

上体が丸まる

背すじが曲がって上体が丸まると、股関節ではなく体幹(脊柱)を屈曲する動きになるためハムストリングが伸びない。
(※P.32参照)

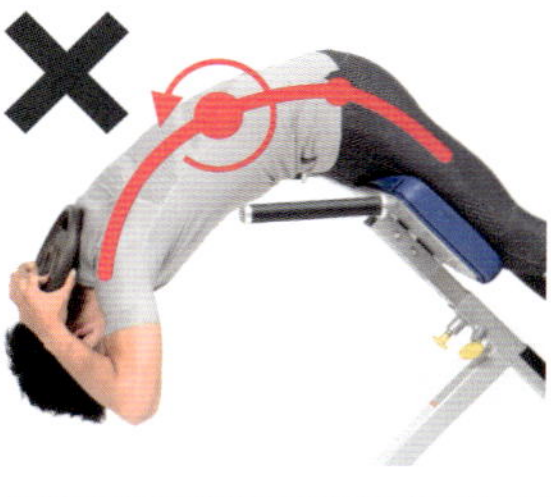

POINT!

股関節を大きく動かす

この種目のターゲットは背中を反らせる脊柱起立筋ではなく、脚の付け根(股関節)を動かす股関節まわりの筋群。パッドを低めにセットすると骨盤の動きが制限されず、股関節中心の動作がしやすくなる。

背すじを
反らせすぎずに
上体を起こす
股関節(脚の付け根)を
支点に上体を持ち上げる

2 股関節を伸展して上体を持ち上げていく。上体が一直線になるまで起き上がる。最初はプレートを持たずに行っても良い。

ハムストリングの種目5

フリーウエイト

ルーマニアンデッドリフト

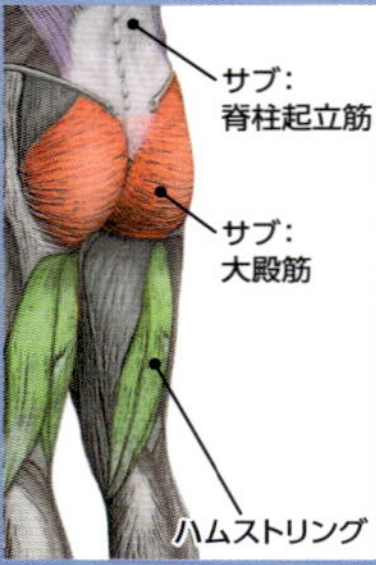
サブ：
脊柱起立筋
サブ：
大殿筋
ハムストリング

ハムストリングをフルストレッチで鍛える

運動のボリュームが大きく、伸張位の負荷もストレッチ効果も高い。
負荷はやや抜けるがハムストリングへの筋発達効果が総合的に高い。

1 足を肩幅程度に開き、足幅より広い手幅でバーベルのバーを持つ。そこから背すじを伸ばし、膝を少し曲げた状態から脚の付け根（股関節）を支点にして上体を起こし、バーベルを床から浮かせる。

背すじを伸ばしたまま
バーベルを持つ
膝を伸ばすほど
ハムストリングが
強く伸ばされる

バリエーション

スティッフレッグドデッドリフト

膝を伸ばして行うデッドリフト。ルーマニアンデッドリフトよりさらにハムストリングを強く伸ばした状態で追い込める。背すじを伸ばして挙上しないと腰に負担がかかるので注意する。

2 膝を少し曲げた状態のまま、股関節から上体を起こしてバーベルを引き上げる。戻すときはバーベルを床に下ろす方法もあるが、床に下ろさないほうが負荷を抜かずに反復して追い込める。

NG

挙上時に膝が曲がる

バーベルを引き上げるときに腰を落として膝を曲げすぎてしまうと、通常のデッドリフトのフォームになるためハムストリングへの負荷が下がる。大殿筋も鍛えたいならOK。

内転筋群

内もも後ろ側の大内転筋を鍛えるスクワット系種目と内転筋群を全体的に鍛えるアダクション系種目

脚を内側に振る（または閉じる）股関節内転の動きに負荷を掛ける

股関節内転

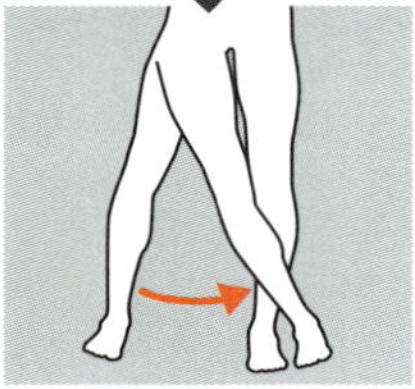

内転筋群の主な働き

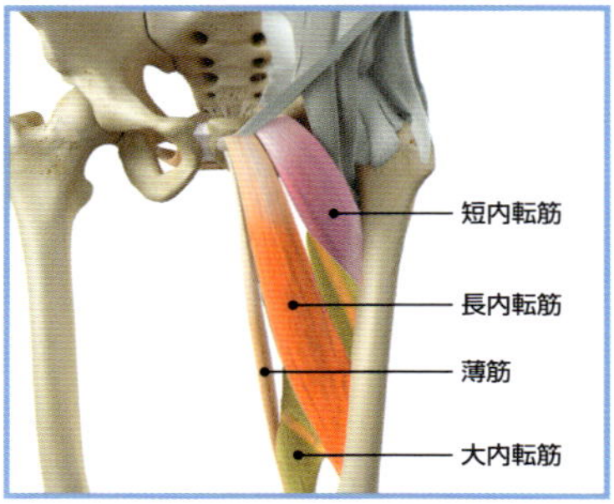

太もも内側の内転筋群は股関節内転の主働筋。足幅を広げたワイドスタンスのスクワットおよびデッドリフトは高重量を扱うことができて、内転筋群だけでなく大腿四頭筋や大殿筋なども動員されるため、運動のボリュームが大きくなる。またワイドスクワットはお尻を沈めたボトムのスタートポジションで相撲の腰割のような体勢となるためストレッチ効果も得られる。マシンやケーブルで行うアダクション種目の場合、伸張位の負荷はそれほど高くないが、動作を通して負荷が抜けにくいため、筋肉に筋発達を促す化学的ストレスを与えやすいのが長所である。

内転筋群の種目一覧と選択基準

▼種目名 ／ ▶項目	運動のボリューム	負荷の抜けにくさ	伸張位の負荷	ストレッチ効果	フォームの習得難易度	自宅での実施
自重 ワイドスクワット ➡P.147	中	×	やや強	やや高	普通	○
マシン マシンアダクション ➡P.148	中	○	中	やや高	易	×
ケーブル ケーブルアダクション ➡P.149	やや小	○	中	中	普通	×
フリーウエイト ワイドデッドリフト ➡P.150	大	×	やや弱	やや低	難	×
フリーウエイト バーベルワイドスクワット ➡P.151	極大	×	やや強	やや高	やや難	×

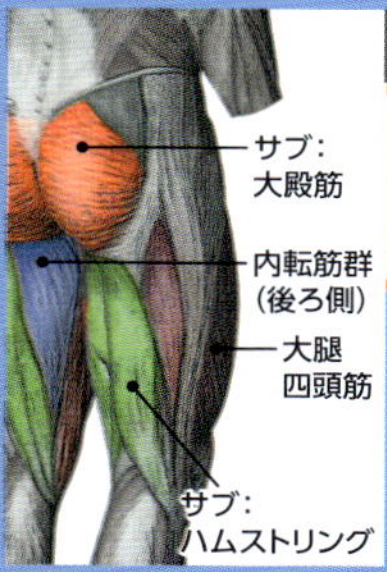

内転筋群の種目1

自重

ワイドスクワット

自重の負荷で手軽に内転筋群を鍛える方法

フォームは簡単ながら伸張位の負荷が強く、ストレッチ効果も高め。安全に追い込めるが、立ち上がったときに負荷が抜けるのが難点。

POINT!

上体の前傾を抑える

通常のスクワットとは異なり、内転筋群へ負荷を集めるために重心を真下へと落としていき、上体の前傾をできるだけ抑えてお尻を沈める。

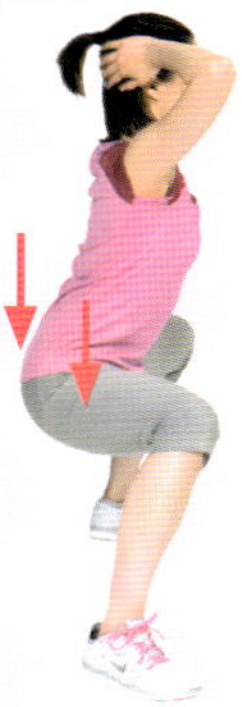

1 肩幅の2倍程度の足幅で立ち、つま先を45度程度開いて外側に向ける。両手は耳の後ろ付近に添える。そこから背すじを伸ばし、膝を少し曲げて太もも内側に力を入れる。

膝を外側へ出し
ガニ股になる

2 背すじを伸ばしたままガニ股で膝を曲げてお尻を沈める。太ももが水平になるまで深く沈めることで内転筋群が伸ばされる。このポジションが伸張位。そこから膝を伸ばしてお尻を持ち上げ 1の体勢に戻す。なお、この種目では内転筋群の主に後ろ側(大内転筋)が鍛えられる。

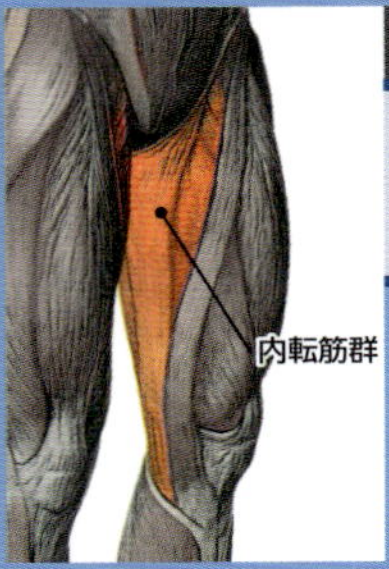

内転筋群の種目 2

マシン

マシンアダクション

脚の軌道が安定し内転筋群に効かせやすい

脚を閉じても負荷が抜けず、高重量でも安全に限界まで追い込める。セッティングで開脚の可動域を広げるとストレッチ効果が高まる。

NG

脚が十分開かない位置にパッドをセットする

パッドは脚を大きく開いた位置でセットしないと内転筋群がしっかり伸ばされず、スタートの負荷も抜けやすい。

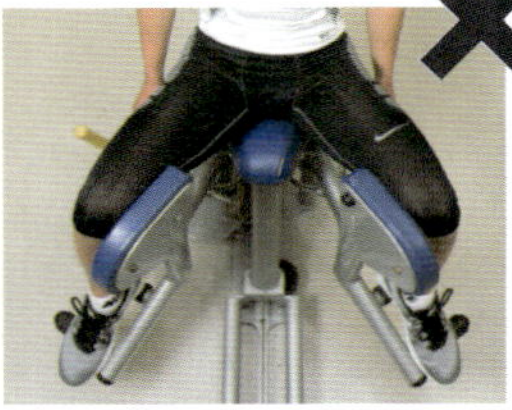

内転筋群が強く伸ばされて負荷が抜けなくなる位置にパッドをセットする。スタートで脚を大きく開くことによってストレッチ効果が高まる

レバーをつかみ体をシートに押さえつける

1 シートに座ってレバーをつかみ、脚を開いて膝の内側にパッドを当てる。

2 股関節から脚を内側へ閉じてパッドを押す。脚を開いて戻すときも内転筋群への負荷を抜かずに反復していく。

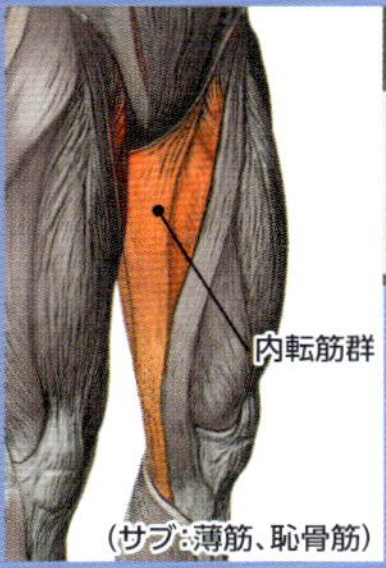

内転筋群の種目3

ケーブル

ケーブルアダクション

内転筋群への負荷が最後まで抜けにくい

マシンアダクションと同様、脚を閉じても最後まで負荷が抜けにくい。片足で行うため脚を内側へ振る短縮位方向への可動域を広げやすい。

1 ケーブルの起点を膝よりやや低い位置にセットしてマシンに背を向け、起点側の足の足首にアンクルストラップを巻く。そこからケーブルに引っ張られて脚が側方へ開脚する位置で片足立ちになる。

脚を開いても
負荷が抜けない
位置に立つ

2 脚を大きく反対方向へ振り、ケーブルを引いていく。負荷が抜けにくいため振った脚が軸足を超えるまで大きく振っていく。

上体を立てたまま
脚を内側へ振る

NG

上体が横に倒れる

スタートで脚を開いたときに上体が横に倒れると、つられて骨盤も傾き、その結果、股関節内転の可動域が狭くなる。

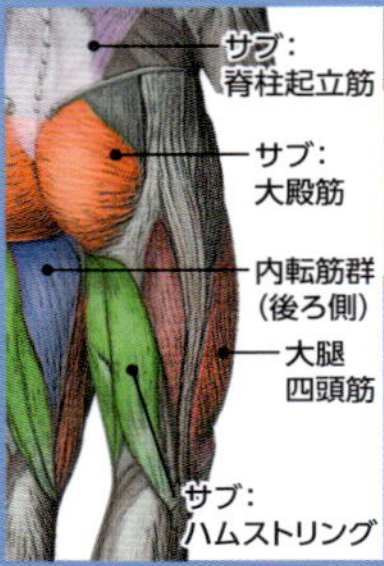

内転筋群の種目4

フリーウエイト

ワイドデッドリフト

足幅を広げ内転筋群への負荷を高めるデッドリフト

大殿筋や大腿四頭筋、脊柱起立筋も鍛えられ運動ボリュームが大きい。高重量でが追い込む場合は腰に負担を掛けず正しいフォームで行おう。

1 肩幅の2倍程度の足幅で立ち、肩幅よりやや広めの手幅でバーベルのバーを持つ。そこからつま先を45度程度外側に開いて背すじを伸ばし、ガニ股で膝を曲げる。お尻をしっかり沈めるとともに上体の前傾を浅めにする。

追い込みテク

オルタネートグリップで持つ

デッドリフト系の種目を行うときは、左右の手を前後逆向きにしてバーを握るオルタネートグリップにすると高重量のバーベルでもバーを保持しやすくなる。

バリエーション

バーベル ワイドスクワット

バーベルを担いで内転筋群への負荷を高めるワイドスクワット。フォームは自重で行う場合と同じ(→P.145)であるが、自重で行うよりやや上体を前傾させたほうがバランスを取りやすい。

2 上体をできるだけ立てたまま、股関節と膝関節を使ってバーベルを引き上げる。扱う重量が重くなるワイドデッドリフトの場合、戻すときはバーベルを床に下ろして反復するのが一般的。

しっかり胸を張って
背すじを伸ばしたまま
バーベルを引き上げる

腓腹筋・ヒラメ筋

膝関節を伸ばしたままカカトを上げ下げすることで
単関節筋のヒラメ筋だけでなく二関節筋の腓腹筋も刺激

［ 足首を伸ばして足先を下方に振る
またはカカトを上げて背伸びをする
足関節底屈の動きに負荷を掛ける ］

足関節底屈

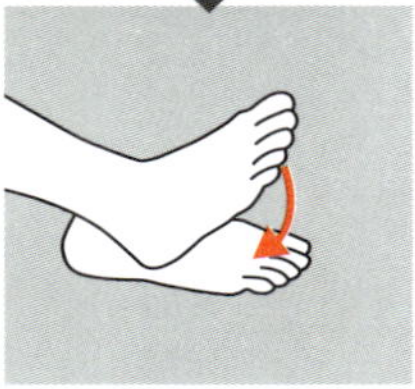

腓腹筋・ヒラメ筋の主な働き

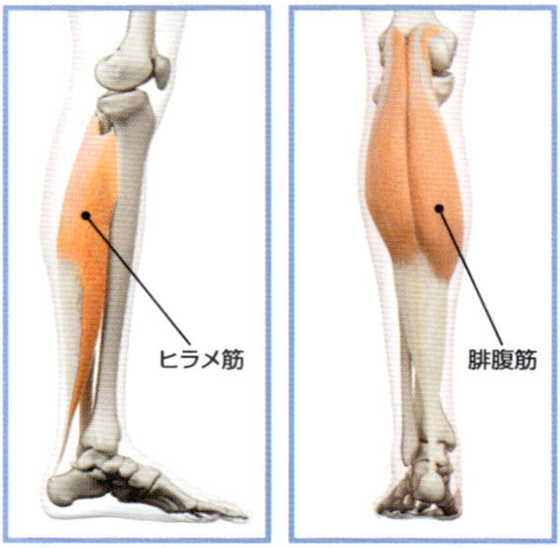

ふくらはぎには、偏平な構造をもつヒラメ筋と、そのヒラメ筋の上に位置する腓腹筋があり、ともに足先を下方に振る動き（足関節底屈）に働く。ここで紹介するカーフレイズ系の種目は、体積があまり大きくない腓腹筋とヒラメ筋がターゲットであるため運動のボリュームは全体的に小さめ。一方で、ストレッチ効果は総じて高い傾向にある。特にマシンを使ったカーフレイズでは、カカトを下ろしたスタートポジションにおいて、負荷の重さを筋肉のストレッチに活用することができる。

腓腹筋・ヒラメ筋 の種目一覧と選択基準

▶項目 ▼種目名	運動のボリューム	負荷の抜けにくさ	伸張位の負荷	ストレッチ効果	フォームの習得難易度	自宅での実施
自重 ➡P.153 片足カーフレイズ	やや小	▲	中	中	易	○
マシン ➡P.154 マシンカーフレイズ	やや小	▲	中	やや高	易	×
マシン ➡P.154 レッグプレスカーフレイズ	やや小	▲	中	やや高	易	×

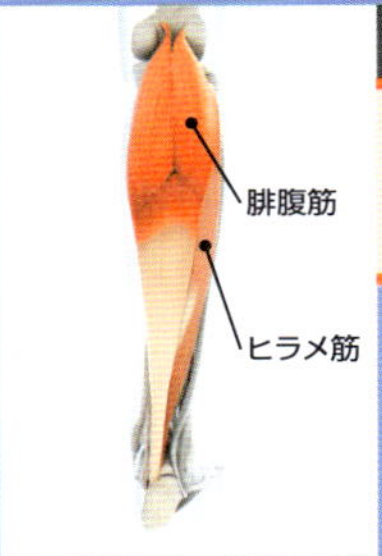
腓腹筋
ヒラメ筋

腓腹筋・ヒラメ筋の種目1

自重

片足カーフレイズ

片足立ちで背伸びをしてふくらはぎを鍛える

手軽にできる背伸び運動。台に乗って足関節の可動域を広げて行う。負荷が不足しがちな自重種目であるため片足ずつ行い負荷を高める。

膝を伸ばしたまま
カカトを上げる

1

台や階段の縁に片足の土踏まずより先の部分を乗せて壁に手をつく。そこから膝を伸ばしたままカカトを下げてふくらはぎを伸ばす。

膝を伸ばしたまま
カカトを下げて
ふくらはぎの
筋肉をストレッチ

2

膝を伸ばしたまま、背伸びをする動きでカカトをできるだけ高く上げてつま先立ちになる。足関節の可動域を大きくすることで腓腹筋・ヒラメ筋が効率良く鍛えられる。

バリエーション

膝を曲げて行う

ヒラメ筋を狙って鍛える方法。膝を曲げると膝関節と足関節をまたぐ二関節筋である腓腹筋が緩むため、足関節のみをまたぐ単関節筋のヒラメ筋に負荷を集めることができる。

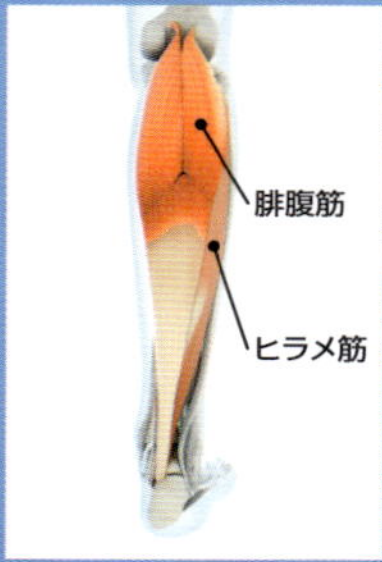
腓腹筋
ヒラメ筋

マシンカーフレイズ

安全に高重量でふくらはぎを追い込めるマシン種目

高負荷でも安全に腓腹筋・ヒラメ筋を鍛えられる。フォームも簡単。マシンの負荷によりスタート位置で高いストレッチ効果が得られる。

1 肩にパッドを乗せて足もとの台に土踏まずより先の部分を乗せる。そこから膝を伸ばしたまま、カカトを下げてふくらはぎの筋肉を伸ばす。

2 膝を伸ばしたまま、背伸びをする動きでカカトをできるだけ高く上げてつま先立ちになる。足首の力だけで肩に乗せたパッドを持ち上げる。

背すじを伸ばしたまま
カカトを上げる

膝を伸ばしたまま
カカトを下げて
ふくらはぎの
筋肉をストレッチ

バリエーション

レッグプレスカーフレイズ

カーフレイズのマシンが施設になくてもレッグプレスマシンで腓腹筋・ヒラメ筋を鍛えられる。プレートに足先を乗せ、膝を伸ばしたままカカトを前後に動かす。

第5章

体幹の筋トレ

体幹のトレーニングは、人体の胴体部分にあたる体幹部を脊柱まわりの脊柱起立筋、腹部前面の腹直筋、脇腹の腹斜筋群（外腹斜筋、内腹斜筋）に分割して鍛えていく。

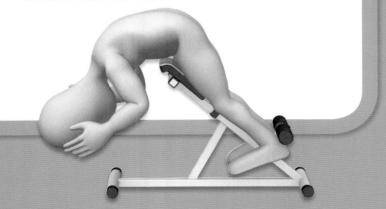

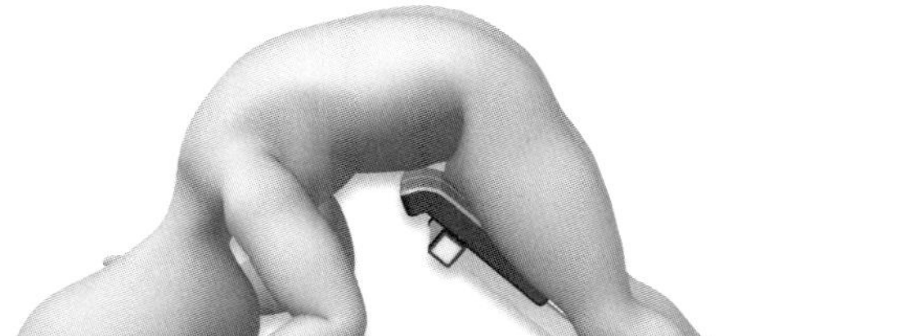

脊柱起立筋

強い負荷を掛けるデッドリフトと
丁寧かつ安全に鍛えるバクエクステンション系種目

**脊柱（背骨）を後方に反らせる
または反った状態を維持する
体幹伸展の動きに負荷を掛ける**

脊柱起立筋の主な働き

↓

体幹伸展

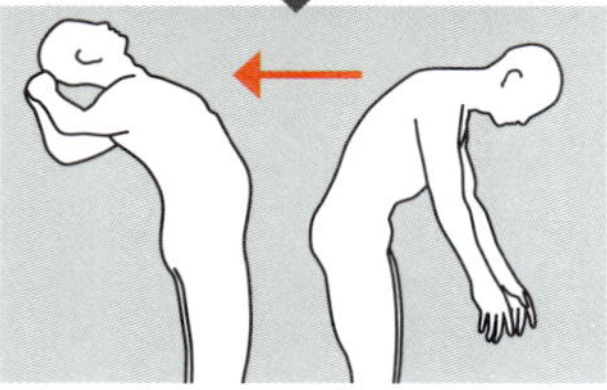

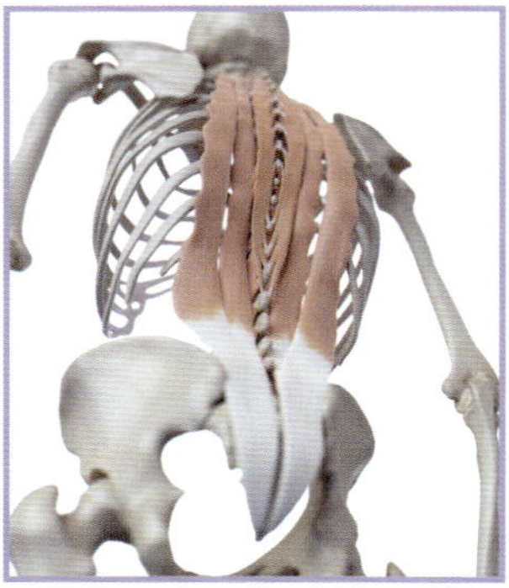

脊柱起立筋は、頭部から骨盤まで縦に連なる脊柱（背骨）に付着している細長い筋群の総称であり、脊柱を反らせる動き（体幹伸展）の主働筋。デッドリフトは高重量を扱えて、脊柱起立筋だけでなく大殿筋や大腿四頭筋も動員されるため運動のボリュームが非常に大きいのが特徴。マシンやフリーウエイトのバックエクステンションは、動作を通して負荷が抜けにくいのが長所である。なおデッドリフト系の種目では、腰痛のリスクが高まるという理由から筋肉を伸張位（背中が丸まった姿勢）にしないことが原則。そのためストレッチ効果や伸張位の負荷は総じて低め。ただし自重が負荷の種目には背中を丸めても良い種目もある。一方でバックエクステンション系の種目は一般的に背中を丸めて実施する。

脊柱起立筋の種目一覧と選択基準

▶項目 ▼種目名	運動のボリューム	負荷の抜けにくさ	伸張位の負荷	ストレッチ効果	フォームの習得難易度	自宅での実施
自重 →P.157 自重バックエクステンション	中	×	中	低	普通	○
マシン →P.158 マシンバックエクステンション	中	▲	中	低	普通	×
フリーウエイト →P.159 体幹バックエクステンション	中	○	やや強	中	やや難	×
フリーウエイト →P.160 デッドリフト	大	×	やや弱	低	難	×

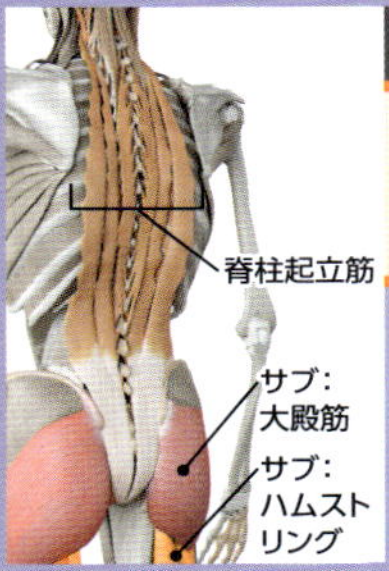
脊柱起立筋
サブ：
大殿筋
サブ：
ハムストリング

脊柱起立筋の種目1

自重

自重バックエクステンション

自重を負荷にして脊柱起立筋を鍛える方法

床の上で行うと可動域が狭くなるため、イスとクッションを使用する。背中を丸めるので他の脊柱起立筋種目よりストレッチ効果は高め。

NG

胸まで座面に乗せる

体の重心がイスの真上に乗らず、下半身が落ちてしまう。結果的に脚を振れないため極端に負荷が小さくなってしまう。

1 イスの座面に骨盤と腹部を乗せ、背中を丸めて脊柱起立筋を伸ばす。座面が硬ければ座布団やクッションを敷く。そこから足を浮かせる。

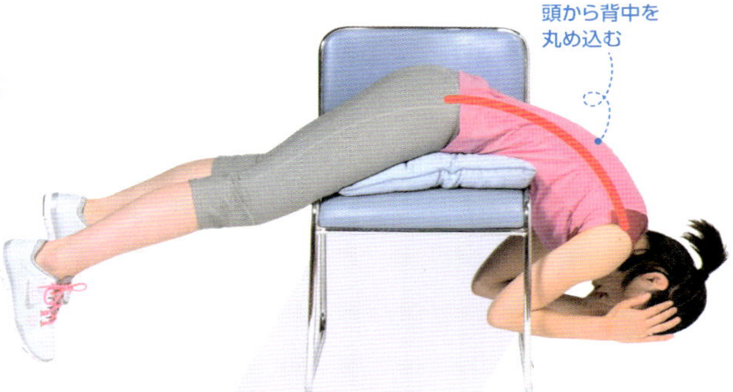
頭から背中を
丸め込む

2 脚を上方へ振り上げながら、背中を反らせてエビ反りになる。腕を伸ばしながら頭から上体を反らせる。脊柱を反らせる動きで両腕・両脚を持ち上げる意識で行う。腰を痛めるので過度に反らなくて良い。

腕を伸ばすと
自重の負荷が
高くなる

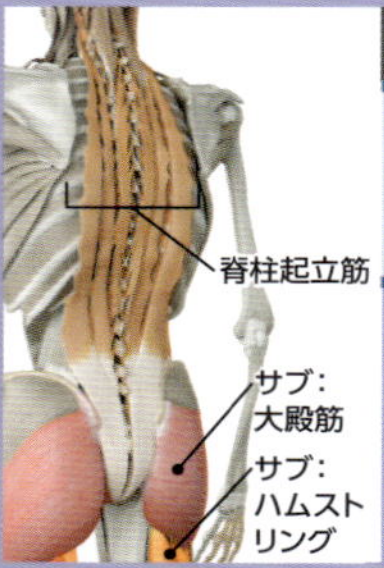

脊柱起立筋
サブ：
大殿筋
サブ：
ハムストリング

マシン

マシンバックエクステンション

自重より大きな負荷を掛けながら安全に追い込める

高負荷を掛けられる種目ながら、腰を痛めるリスクが低いのが長所。スタートで背中を軽く丸めることにより、伸張位の負荷も掛けられる。

バリエーション

脊柱の可動域を広げる

股関節の可動域を小さくして脊柱の可動域を広げるバリエーション。スタートでみぞおち付近を支点に胴体を曲げ、背中をしっかり丸める。

脊柱は大きく丸めず
軽く丸める程度で

1 肩甲骨付近にパッドが当たるようにセットしてシートに座る。両手はクロスさせて胸におく。そこから上体を前傾し、背中を軽く丸める。背中を丸めすぎると腰に負担が掛かる場合があるので注意する。

背中を反らせて
パッドを押す

2 股関節を伸展して上体を後方に振りながら背中を反らせてパッドを押す。背中を反らせた状態を維持したままパッドを後方へ押していく。

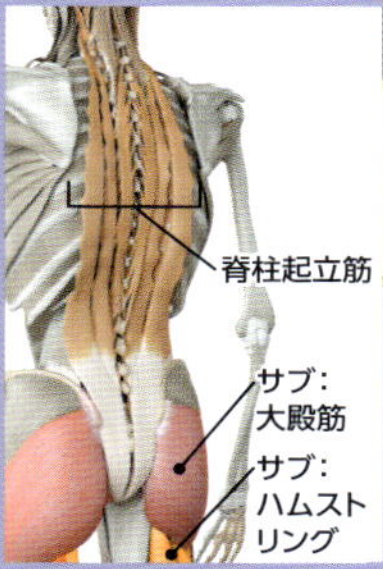
脊柱起立筋
サブ：大殿筋
サブ：ハムストリング

脊柱起立筋の種目3

フリーウエイト

体幹バックエクステンション

脊柱起立筋を丁寧に鍛えるデッドリフトの代用種目

脊柱の可動域が広く、負荷が抜けにくい。運動のボリュームも大きめ。腰に不安がある人は、デッドリフトの代用種目として行っても良い。

1 後頭部でバーベルプレートを持ち、45度のローマンチェアに両足を掛けて、パッドを骨盤に当てる。そこから背中を丸めて脊柱起立筋を伸ばす。

パッドの上端を
ベルトラインより
少し下の位置に当てる

2 脊柱を反らせる動きで起き上がる。腰に負担が掛かるため背中は無理に大きく反らさなくてOK。

背中を反らせて
上体を起こす

NG

股関節の動きになる

脊柱ではなく股関節で上体を動かすと体幹（脊柱）の可動域が狭くなるため、脊柱起立筋が十分に鍛えられない。（※P.32参照）

脊柱起立筋の種目4

フリーウエイト

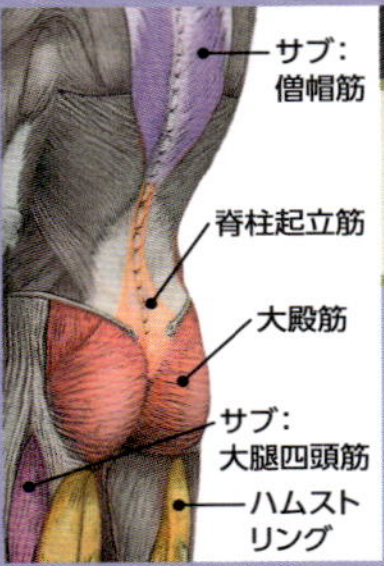

デッドリフト

体の後面を総合的に強化する王道種目のひとつ

脊柱起立筋、僧帽筋、大殿筋、ハムストリングなど後面の主要筋群を総合的に強化する基本種目。腰を痛めやすいので注意して実施する。

1 足を肩幅程度に開き、足幅より広い手幅でバーベルのバーを持つ。そこから膝を曲げて上体を45度前後の角度に前傾させた体勢でバーベルを浮かせる。

テクニック

ストラップを巻く

ストラップやパワーグリップを使うとバーが落ちなくなるため、握力で保持できない高重量も扱える。腕の力が抜けて脚や背中の動きに集中できる効果もある。

POINT！

バーを体に擦りつけて上げる

バーは体から離さず、スネから膝、太ももへと擦りつけるように引き上げる。バーが体から離れると腰を痛めやすいので注意しよう。

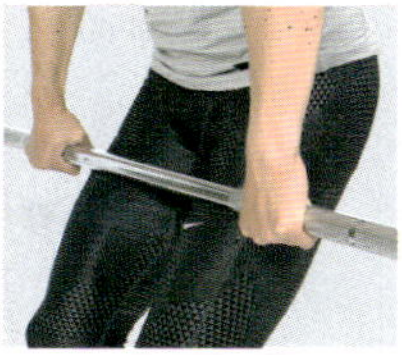

NG

背中が丸まる

挙上時に背中が丸まっていると腰を痛めるのでNG。最後まで背すじを伸ばしたまま挙上する。

2 膝を伸ばしながら、上体を起こしてバーベルを引き上げる。背すじを伸ばしたまま立ち上がり、最後にしっかり胸を張る。戻すときはバーベルを床に下ろす方法もあるが、床に下ろさないほうが負荷を抜かずに反復することができる。

胸を張って
背すじを伸ばす

腹直筋

体幹屈曲の単関節種目であるクランチ系と股関節も動かす多関節種目のシットアップ系

脊柱を前方に曲げる（丸める）
体幹屈曲の動きに負荷を掛ける

腹直筋の主な働き

↓

体幹屈曲

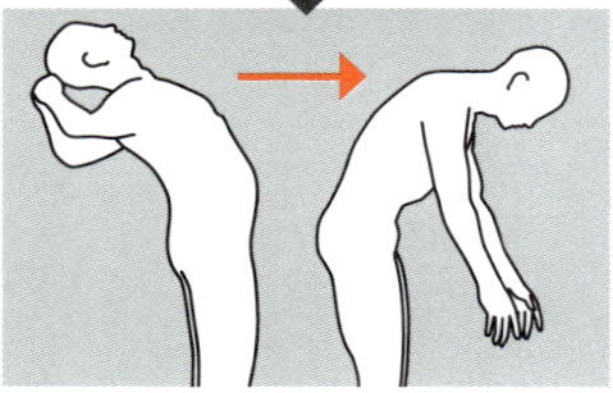

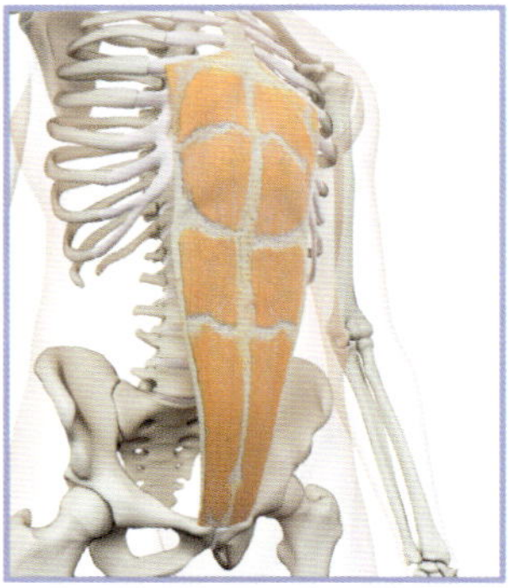

腹部前面の腹直筋は、脊柱を前方に曲げる体幹屈曲の主働筋。クランチ系の種目は、脊柱だけを動かす単関節種目であるため運動のボリュームが小さめ。それに対し、股関節も動かすシットアップ系は多関節種目となるため運動のボリュームが大きめとなる。床やベンチに寝て行う種目は腹直筋が伸びるまで胴体を下ろすことができないため、ストレッチ効果を得ることが難しいが、ケーブルクランチは例外的に腹直筋をストレッチできる。

腹直筋 の種目一覧と選択基準

▶項目 / ▼種目名	運動のボリューム	負荷の抜けにくさ	伸張位の負荷	ストレッチ効果	フォームの習得難易度	自宅での実施
自重 クランチ ➡P.163	やや小	▲	弱	低	やや易	○
自重 シットアップ ➡P.164	中	▲	中	低	普通	○
マシン アブドミナルクランチ ➡P.166	中	○	中	やや低	易	×
ケーブル ケーブルクランチ ➡P.167	中	○	やや強	やや高	やや難	×
フリーウエイト シットアップ（足固定） ➡P.168	中	▲	中	低	普通	×
フリーウエイト デクラインシットアップ ➡P.169	やや大	○	やや弱	低	普通	×

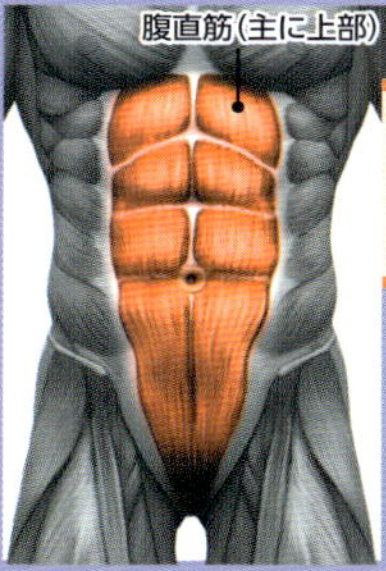
腹直筋(主に上部)

腹直筋の種目1

自 重

クランチ

背中を丸めて腹直筋を狙って鍛える単関節種目

フォームが簡単で、限界まで追い込んでも腰に負担は掛からない。
腹直筋の上部に効かせやすいが、中部・下部への刺激は軽めになる。

POINT!

息を吐きながら背中を丸めていく

腹直筋は下部の肋骨に付着している筋肉なので、息を吐いて肋骨を引き下げながら背中を丸めると腹直筋がより収縮してしっかり効かせられる。

1 仰向けになって膝を曲げ、手を耳の後ろ付近に添える。そこから背中を軽く丸めて体幹上部を持ち上げ、腹直筋の上部に負荷を掛ける。

膝を曲げることで
腰への負担が減る
腹直筋の力で
体幹上部を持ち上げる

2 みぞおち付近を支点に胴体を曲げ、体幹上部から背中を丸める。肩甲骨が床から離れるまで丸めるのが目安。腹直筋への負荷が抜けないようにするため、戻すときも頭部は床につけないで反復する。

おへそを覗き込むように
みぞおち付近を支点に
体幹上部から背中を丸め込む

腹直筋の種目2

自重

シットアップ

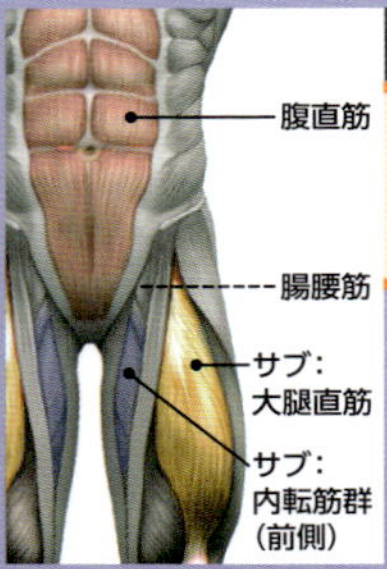
腹直筋
腸腰筋
サブ：
大腿直筋
サブ：
内転筋群
（前側）

体幹と股関節を同時に屈曲する多関節種目

脊柱だけでなく股関節も屈曲するため、腸腰筋も一緒に鍛えられる。シットアップはクランチ系種目より運動のボリュームが大きくなる。

1 仰向けになって膝を曲げ、手を耳の後ろ付近に添える。そこから背中を軽く丸めて体幹上部を持ち上げ、腹直筋の上部に負荷を掛ける。

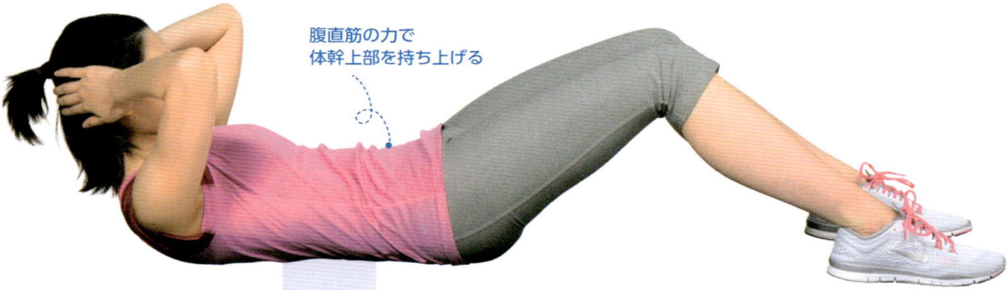
腹直筋の力で
体幹上部を持ち上げる

2 みぞおち付近を中心に背中を丸める。はじめに背中を丸め込んでから上体を起こしていく。

膝を曲げることで
腰への負担が減る

バリエーション

両手を前方に伸ばす

起き上がりながら、両手を太ももから膝へとゆっくり滑らせて前方へ伸ばしていくと少し負荷が下がって起き上がりやすくなる。

NG

背すじを伸ばして起き上がる

起き上がるときに背すじが伸びていると腹直筋に効かなくなり、腰を痛める危険もあるのでNG。

3 上体をさらに起こして腹直筋を収縮させる。完全に起き上がると腹直筋への負荷が抜けてしまうため、起き上がりきる寸前まで上体を起こす。戻すときも頭部は床につけず、腹直筋への負荷を抜かないで反復する。

腹直筋への負荷が
抜ける寸前まで
起き上がればOK

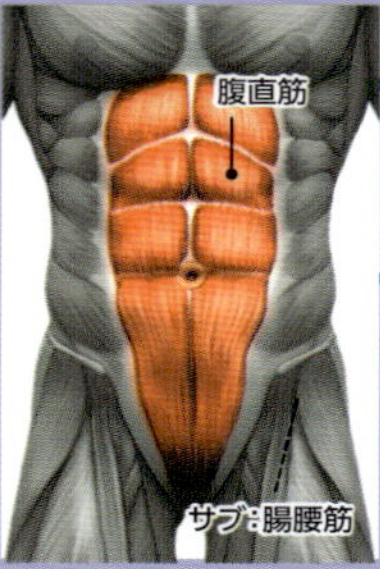

腹直筋の種目3

マシン

アブドミナルクランチ

簡単かつ安全に高負荷を掛けられるマシン種目

フォームが簡単で腹直筋に効かせやすく、最後まで負荷が抜けない。負荷を調節しながら、腰に負担を掛けず腹直筋全体を鍛えられる。

NG

背中が丸まらない

背中を丸めず上体を倒す動きでパッドを押し下げると股関節主体の動きになり、腹直筋より腸腰筋に負荷が掛かるのでNG。

✕

1 パッドを胸の高さぐらいにセットしてシートに座る。そこから両腕の肘先をパッドに乗せ、背中を軽く丸めて腹直筋に負荷を掛ける。

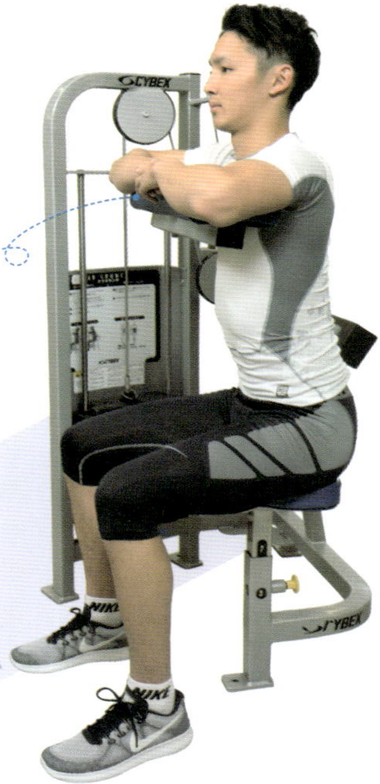
スタートから
マシンの負荷が
掛かる高さに
パッドをセット

頭から背中を
丸め込んで
パッドを押す

2 股関節を屈曲して上体を少し前方へ倒しながら、背中を丸めていく。みぞおちを中心に上体を丸める動きでパッドを押し下げるのがポイント。

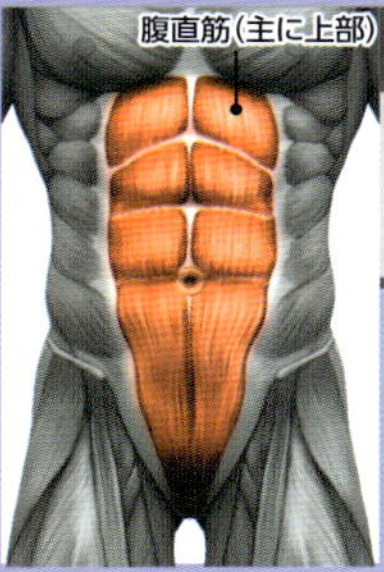

腹直筋の種目4

ケーブル

ケーブルクランチ

広い可動域で腹直筋に高負荷を掛けられる

負荷が抜けないのが長所で、自重のクランチより高負荷を掛けられる。フォームはやや難しいが、伸張位の負荷もストレッチ効果も高め。

NG

股関節の動きで引く

脊柱ではなく股関節の動きでケーブルを引くと、上体が倒れるだけで背中は丸まらず、腹直筋が十分に鍛えられないのでNG。

1

マシンに二股ロープをセットし、ケーブルの起点を最も高い位置にセットする。そこから両手でロープを握って膝立ちの体勢になり、頭の高さぐらいまでケーブルを引き下げる。

脇を締めて腕が
動かないように固める

腕の動きは関与
させないように
注意する

2

腕を動かさずに固定したまま、背中を丸めてケーブルを引き下げる。股関節の動きを抑え、上体を丸める動きでケーブルを引くのがポイント。

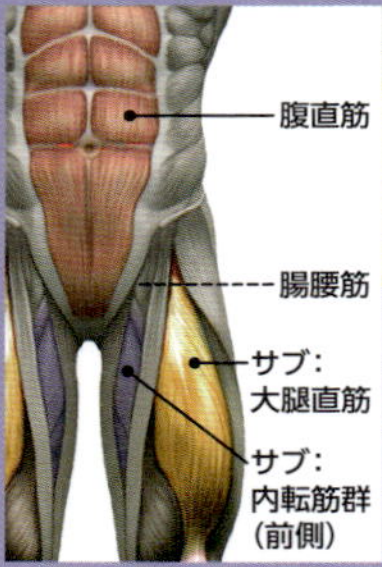
腹直筋
腸腰筋
サブ：
大腿直筋
サブ：
内転筋群
（前側）

腹直筋の種目5

フリーウエイト

シットアップ（足固定）

足を固定した状態で腹直筋と腸腰筋を一緒に鍛える

足を固定して鍛えにくい腹直筋の下部や腸腰筋まで負荷を掛ける。股関節シットアップより背中を大きく丸めるので腹直筋全体に効く。

NG

背中が伸びている

背中を丸めずに起き上がると股関節シットアップの動きになり、腸腰筋への負荷は高まるが、腹直筋への負荷が下がる。背中を丸めないと腰にも負担が掛かるので注意。

1

ベンチに座って両足の足先をベンチの脚に引っ掛け固定する。そこからバーベルプレートを後頭部で抱えて仰向けになる。ベンチプレス台のベンチでも代用可。

体幹上部を少し起こして腹直筋と
腸腰筋に負荷を掛ける

頭から背中を
しっかり丸める
CYBEX

2

みぞおちを中心に背中を丸めながら股関節を屈曲して起き上がる。完全に起き上がると腹直筋への負荷が抜けてしまうため、起き上がりきる寸前まで上体を起こす。戻すときも腹直筋への負荷を抜かずに反復する。

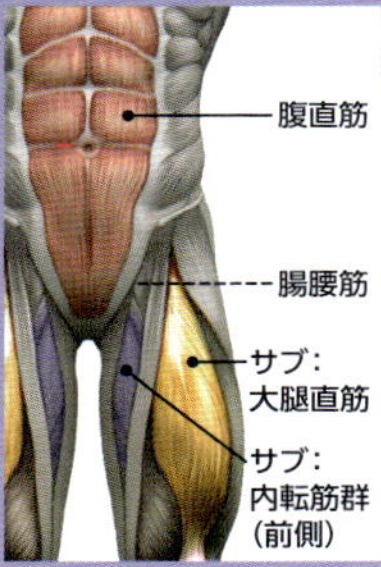

腹直筋の種目6

フリーウエイト

デクラインシットアップ

角度をつけて腹直筋と腸腰筋を高負荷で追い込む

デクラインベンチで足の位置を上げて負荷を高めるシットアップ。起き上がっても負荷が抜けなくなり、運動のボリュームも大きくなる。

POINT!

専用のベンチを使う

デクラインの腹筋ベンチにはクランチ用とシットアップ用（写真下）がある。このページではクランチ用を使用しているが、施設に両タイプがあるならシットアップ用で行うほうが腸腰筋や腹直筋下部に効かせやすい。

シットアップ用
デクラインベンチ

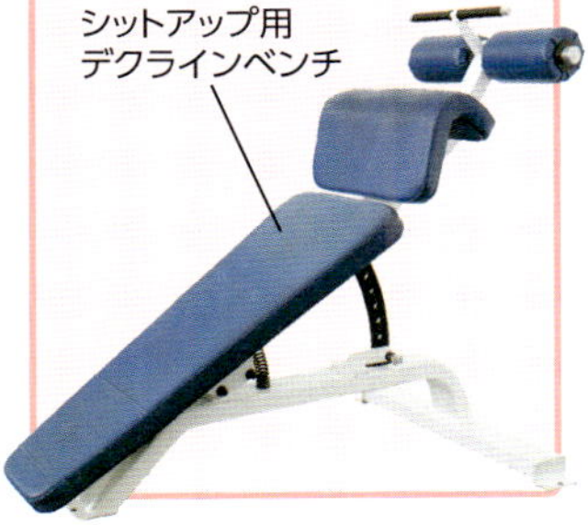

1

デクラインベンチに仰向けで寝て両足を固定する。そこからバーベルプレートを後頭部で抱える。

体幹上部を少し
起こして腹直筋と
腸腰筋に負荷を掛ける

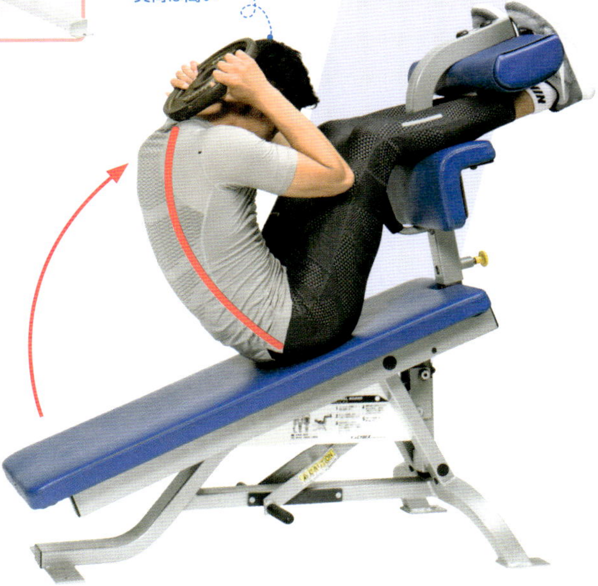
プレートを
抱えなくても
負荷は高い

2

みぞおちを中心に背中を丸めながら股関節を屈曲して起き上がる。戻すときも腹直筋、腸腰筋への負荷を抜かずに反復する。最初はプレートなしで行っても良い。

腹斜筋群

回旋（ツイスト）系の種目と側屈系の種目、さらにそれらが組み合わさった種目がある

脊柱（体幹）を横に曲げる側屈と脊柱をひねる回旋の動きに負荷を掛ける

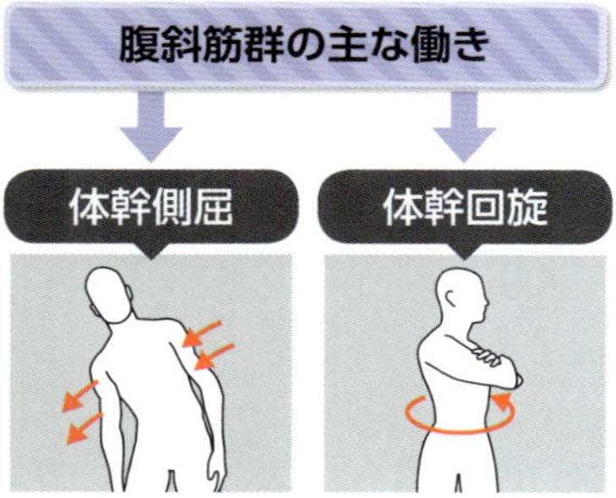

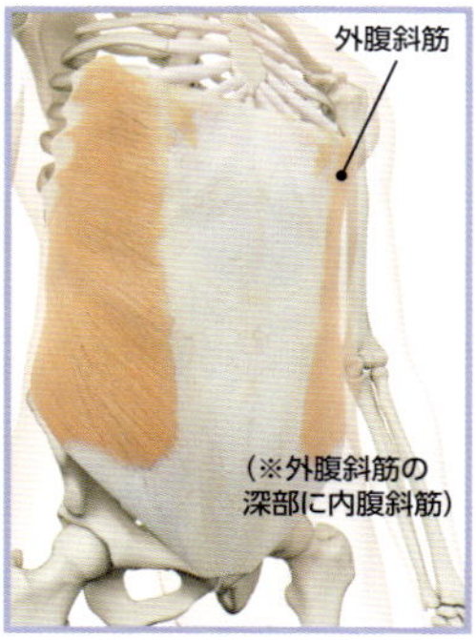

腹斜筋群の種目には「回旋（ツイスト）系」と「側屈系」がある。ツイスト系のツイストレッグレイズとトランクツイストは伸張位の負荷もストレッチ効果も高めであるが、負荷が抜けやすい。同じツイスト系でもケーブルやライイングのトランクツイスト、マシンのロータリートーソは動作を通して負荷が抜けにくい。

腹斜筋群の種目一覧と選択基準

▼種目名 ／ ▶項目	運動のボリューム	負荷の抜けにくさ	伸張位の負荷	ストレッチ効果	フォームの習得難易度	自宅での実施
自重 サイドクランチ →P.171	やや小	▲	弱	低	やや難	○
自重 ツイストクランチ →P.172	やや小	▲	やや弱	低	普通	○
自重 ツイストレッグレイズ →P.173	中	×	やや強	やや高	やや易	○
マシン ロータリートーソ →P.174	中	○	やや強	やや高	易	×
ケーブル ケーブルトランクツイスト →P.175	中	▲	中	やや高	やや難	×
フリーウエイト トランクツイスト →P.176	中	×	やや強	高	やや易	○
フリーウエイト ライイングトランクツイスト →P.178	やや大	▲	中	中	やや難	×
フリーウエイト サイドベンド →P.179	中	○	中	やや高	普通	○

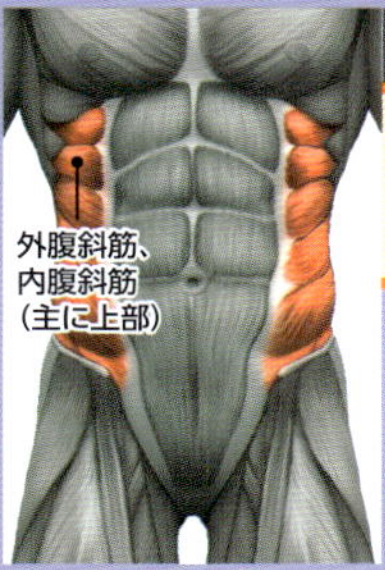

腹斜筋群の種目1

自重

サイドクランチ

背中を横に丸めて腹斜筋群の上部を鍛える

フォームはやや難しいが、鍛えにくい腹斜筋群の上部を鍛えられる。動きが小さいため、運動のボリュームや伸張位の負荷はいずれも低め。

POINT!

脊柱を横に曲げる

背中を横に丸める動きは、首の動きになりやすいので注意。首ではなく脊柱を横に曲げて上体を持ち上げる。

1 横向きに寝た状態で膝を曲げ、上側の手を後頭部か耳の後ろ付近に添える。そこから背すじを伸ばして下側の手を脇腹に乗せる。

膝を曲げてバランスを取り横向きを保つ

2 背中を横に丸めて上体を持ち上げる。動きが小さいため上体を持ち上げた体勢で1秒静止して負荷が抜けないようにすると良い。

脇腹に乗せた手で腹斜筋群の収縮を感じる

腹斜筋群の種目❷

自重

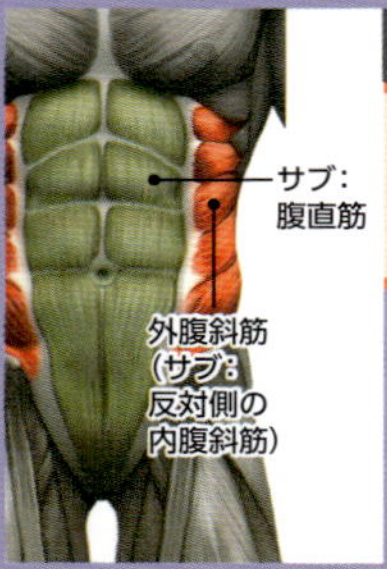

ツイストクランチ

上体をひねる動きで腹斜筋群を鍛える

伸張位の負荷もストレッチ効果も低いが、手軽にできる腹斜筋群種目。上体をひねる大きさが中程度であるため、腹直筋も一緒に鍛えられる。

体幹上部を起こし
背中を丸める

1

仰向けになり脚を垂直に上げて膝を曲げる。手は耳の後ろ付近に添える。そこから背中を軽く丸めて体幹上部を持ち上げ腹直筋に負荷を掛ける。

2

さらに背中を丸めて上体を起こしながら上体をひねる。動きが小さいため上体を持ち上げた体勢で1秒静止して負荷が抜けないようにしたい。

3

1の体勢に戻してから、反対方向へも上体を起こしながらひねっていく。左右交互ではなく同じ方向へ連続でひねるやり方もある。

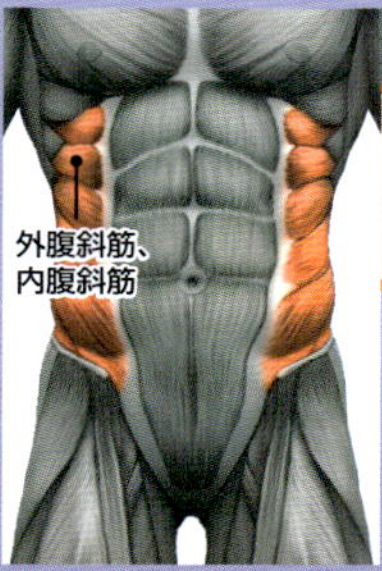
外腹斜筋、
内腹斜筋

腹斜筋群の種目3

自重

ツイストレッグレイズ

下半身をひねる動きで腹斜筋群を鍛える

負荷は抜けやすいが、ツイストクランチより脊柱のひねりが強くなる。ツイストクランチに比べて伸張位の負荷もストレッチ効果も高い。

1

仰向けになり脚を揃えて垂直に上げる。腕は左右に広げて上体が傾かないように安定させる。

2

脚を伸ばしたまま真横に倒して上体をひねる。脚が床につく寸前まで倒して脇腹の腹斜筋群をしっかり伸ばしていく。

3

反対側へも脚を倒していく。上体を固定したまま骨盤ごと下半身をひねることによって脊柱がしっかり回旋する。

肩は床から
離さない
骨盤ごと
下半身をひねる

腹斜筋群の種目4　マシン

ロータリートーソ

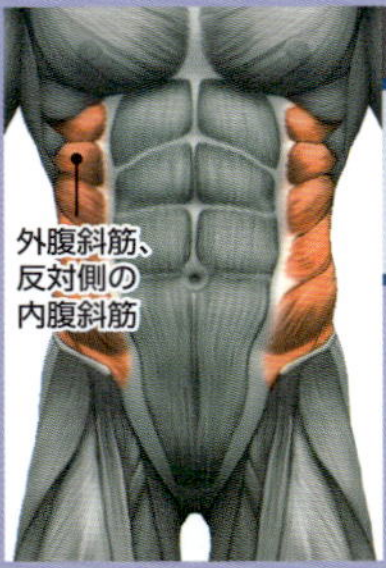

可動域の全域を通して強い負荷を掛けられる

上体をひねる動きに負荷を掛けるマシン種目。負荷の調整が容易。負荷が抜けにくく、ストレッチ効果も伸張位の負荷も高い優良種目。

POINT!

上体を大きくひねる

スタートで上体を大きくひねった体勢を作ることがポイント。体が硬い人以外は脚のパッドを最大に振った位置でセットする。

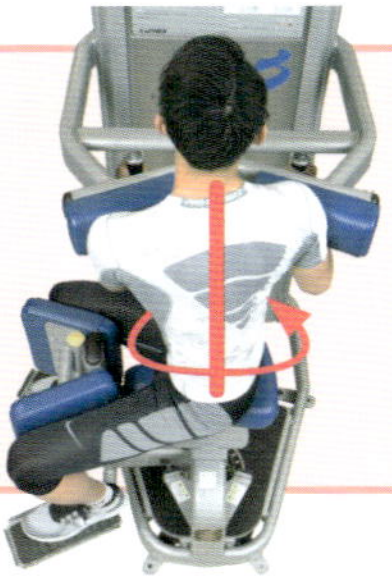

脚のパッドは
最大に回した
位置でセット

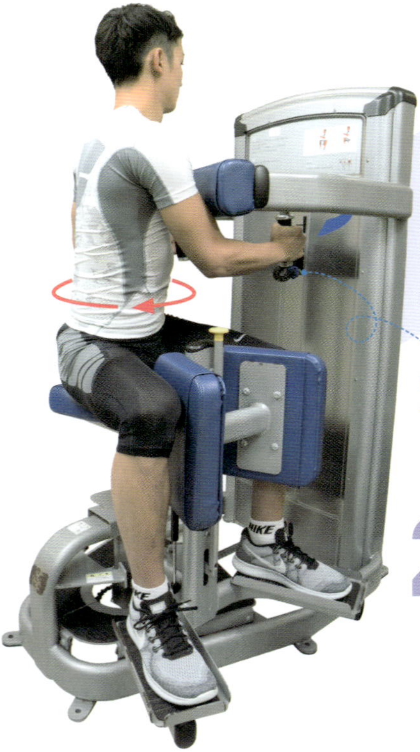
レバーをつかんで
上体を固定する

1 シートに座って太ももの内側にパッドを当てる。そこから上体をひねってレバーをつかみ、胸にパッドを当てる。

2 上体を固定したまま下半身を反対側まで振って脇腹の腹斜筋群をひねっていく。シートを反対側に向けてセットし、逆方向にひねる運動もバランス良く行う。（※このマシンは上半身を固定して下半身をひねるタイプであるが、下半身を固定して上半身をひねるタイプもある）

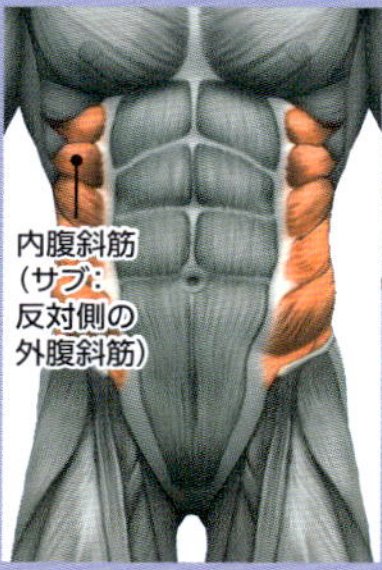

腹斜筋群の種目5

ケーブル

ケーブルトランクツイスト

腕と胴体を一緒にひねって腹斜筋群を鍛える

フォームはやや難しいが、負荷が抜けにくく、伸張位の負荷も高め。肩や腕の力を極力使わず、体幹のひねり動作に集中するのがポイント。

POINT!

腕や肩を関与させずにケーブルを引く

この種目は腕や肩の動きを使ってしまいやすい。腕や肩の関与が増えると体幹部の腹斜筋群を十分に鍛えられないため、上半身を固定してケーブルを引く。

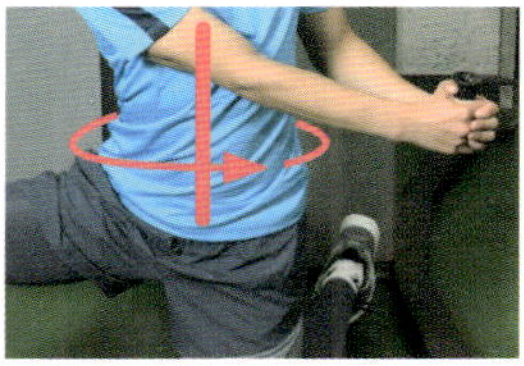

1 ケーブルの起点を肩の高さにセットし、ひとつのグリップを両手で持ってマシンに背を向ける。そこから起点側の脚の膝をつき、もう片方の足のつま先を起点と反対側へ向けて上体をひねる。

ケーブルの起点と
反対側へ向ける

2 下半身を固定したまま、上体をひねる動きで伸ばした腕を水平に振りケーブルを引いていく。なお、この種目では側屈方向にも負荷が掛かる。

腹斜筋群の種目6

フリーウエイト

トランクツイスト

腹斜筋群を手軽に鍛えられるフリーウエイト種目

伸張位の負荷が強く、ストレッチ効果も高い。腹直筋も鍛えられる。フォームも簡単だが、上体が正面を向くたびに負荷が抜けるのが難点。

※この種目は「ロシアンツイスト」ともよばれる

床が硬ければ
マットやタオルを
敷いて行う

1 両手で1枚のバーベルプレートを持って床に座り、腕を前方に伸ばす。そこから膝を曲げ、上体を後方に倒して腹直筋に負荷を掛ける。上体を後傾する角度は45度前後が目安。

バリエーション

ベンチで行う

ベンチに座ってシートの裏面に足を引っ掛けると、上体をさらに後傾させられるため、ひねる動きの可動域が大きくなる。足を固定することで腸腰筋への負荷も大きくなる。

バリエーション

ダンベルで行う

ダンベルがあれば自宅でも実施できる。両手でひとつのダンベルを持ち、上体をひねる動きはプレートで行う場合と同じ。

2

下半身を固定したまま、上体をひねる動きで伸ばした腕を側方へ振り、脇腹の腹斜筋群を伸ばす。上体を後傾させる角度が大きくなるほど腹斜筋群、腹直筋ともに負荷が大きくなる。

上体のひねりで
腕を振り下ろす

足でバランスを取り
下半身を固定する

3

反対側へも腕を振っていく。腕を伸ばしたまま上体をひねってプレートを大きく振る。

腹斜筋群の種目7

フリーウエイト

ライイングトランクツイスト

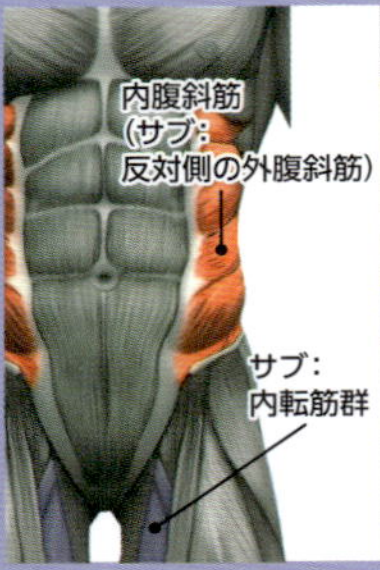
内腹斜筋
(サブ:
反対側の外腹斜筋)
サブ:
内転筋群

負荷が抜けにくくなる片方向のトランクツイスト

横向きに寝ることで、側屈方向にも負荷が掛かるトランクツイスト。伸張位の負荷はやや弱くなるものの、負荷を掛け続けて追い込める。

1 両手で1枚のバーベルプレートを持ってベンチに座る。そこから横向きになって足を前後に開き、シートの裏面に足先を引っ掛けて上体を支える。腕は前方に伸ばす。

上体は横向きで
45度以下まで倒す
両足ではさむように
足先を引っ掛ける

2 下半身を固定したまま、上体をひねる動きで伸ばした腕を側方へ振り下ろす。これがスタートポジションになる。ベンチが軽量の場合はシートに重いプレートを乗せてベンチを安定させる。

上体と一緒に
骨盤が回らない
ように注意する

3 下半身を固定したまま、上体を反対側へひねって伸ばした腕を側方へ振り上げる。骨盤を横に向けたまま上体をひねることで脊柱を回旋する可動域が大きくなり、腹斜筋群への刺激が高まる。

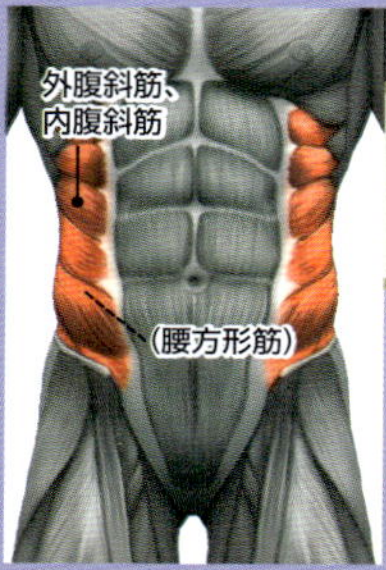
外腹斜筋、
内腹斜筋
(腰方形筋)

腹斜筋群の種目 8

フリーウエイト

サイドベンド

脊柱を横に丸める側屈の動きで腹斜筋群を鍛える

側屈種目はツイスト系種目とは異なる刺激を腹斜筋群に与えられる。負荷が抜けにくく、ストレッチ効果も高め。負荷の重さも調節できる。

1 片手にダンベルを持って背すじを伸ばす。足幅は腰幅程度。そこからダンベルを下ろしながら上体を横に丸める。ダンベルの重さを利用して脊柱をしっかり側屈させる。

みぞおち付近
を中心にして
側屈していく

2 上体を反対側に曲げて側屈する。上体を横に丸める動きでダンベルを引き上げていく。骨盤を固定し、みぞおち付近を支点に脊柱を横に曲げるイメージで行う。

脇腹をしっかり
収縮させる

NG

骨盤が動く

側屈するときに骨盤が動いて横に傾くと、股関節から上体を横に倒す動きになるため体幹(脊柱)の側屈が小さくなり、腹斜筋群の可動域も小さくなる。

頸部の筋群

セルフで負荷をかける種目とプレートを用いる種目を紹介

頭部を前方に振る**頸部屈曲**と後方に振る**頸部伸展**に負荷を掛ける

頸部屈筋群の主な働き

↓

頸部屈曲

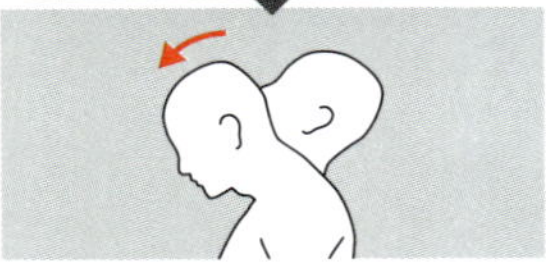

頸部伸筋群の主な働き

↓

頸部伸展

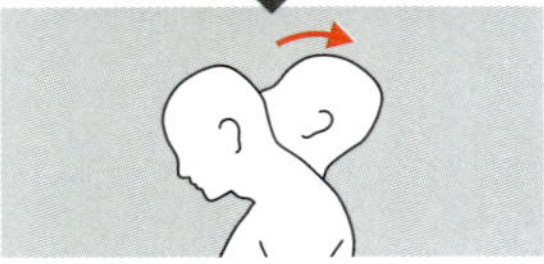

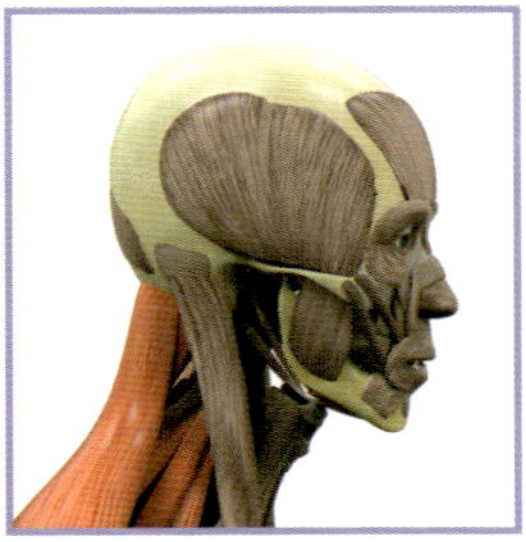

自分の力で負荷を掛けるネックフレクションとネックエクステンションは、動作を通して負荷が抜けず、伸張位の負荷を高められるのが長所。ライイング種目ではより強い負荷を掛けられる。

頸部屈筋群の種目一覧と選択基準

▼種目名 ／ ▶項目	運動のボリューム	負荷の抜けにくさ	伸張位の負荷	ストレッチ効果	フォームの習得難易度	自宅での実施
自重 → P.181 ネックフレクション	小	○	やや強	やや高	やや難	○
フリーウエイト → P.181 ライイングネックフレクション	小	▲	中	中	易	×

頸部伸筋群の種目一覧と選択基準

▼種目名 ／ ▶項目	運動のボリューム	負荷の抜けにくさ	伸張位の負荷	ストレッチ効果	フォームの習得難易度	自宅での実施
自重 → P.182 ネックエクステンション	小	○	やや強	やや高	やや難	○

頸部屈筋群

頸部屈筋群の種目

自重

ネックフレクション

手で押す力に抵抗しながら頭部を前方に振る

エキセントリックの局面でも負荷を掛け続けられるのが最大の長所。負荷強度が調節できて、伸張位の負荷もストレッチ効果も高められる。

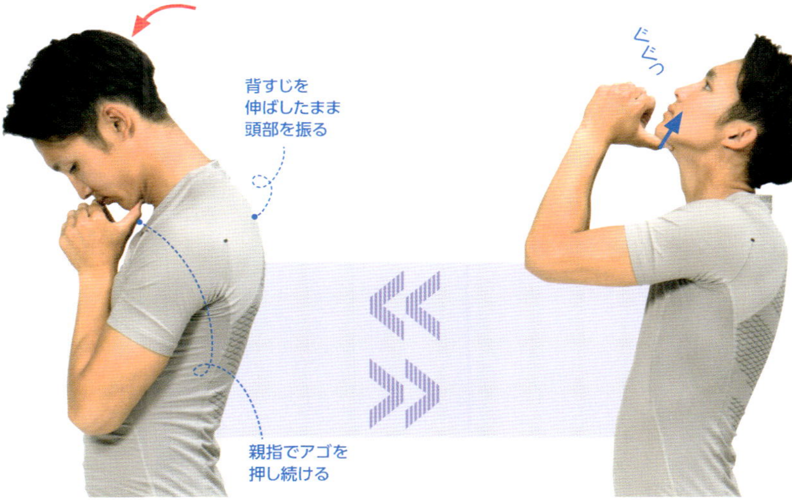
背すじを
伸ばしたまま
頭部を振る
親指でアゴを
押し続ける

1 背すじを伸ばして頭部を後方に倒した状態で、両手を合わせて左右の親指の腹をアゴの先端に当てる。そこから親指でアゴを押し上げ、その力に対して頭部を前方へ振る動きで抵抗する。

2 親指でアゴを押し上げる力に抵抗しながら、頭部をゆっくりと前方に振る。そのまま親指でアゴを押し続け、その力に抵抗しながら脱力することなく頭部を後方に振って1の体勢に戻る。

バリエーション

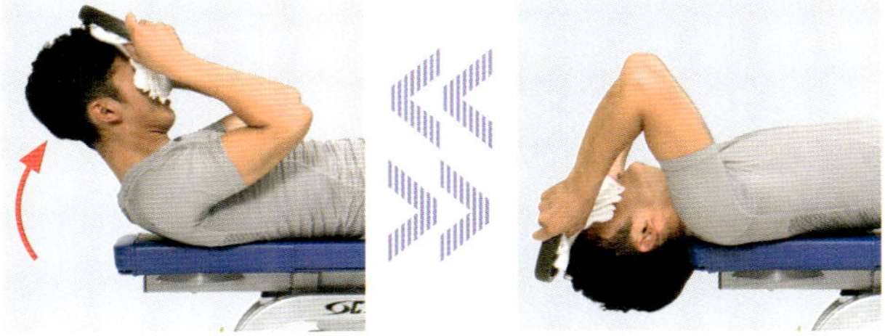

ライイングネックフレクション

ベンチに仰向けで寝てシートから頭部を出し、おでこにバーベルプレートを乗せて頭部を前方に振る。負荷が抜けにくく、高負荷で頸部屈筋群を鍛えられる。プレートとおでこの間にタオルを挟んで行う。

頸部伸筋群の種目

自重

ネックエクステンション

頸部伸筋群

タオルを引く力に抵抗しながら頭部を後方に振る

戻す局面でも負荷を掛け続けたまま筋肉を伸ばせるのが最大の長所。自分の力が負荷なので伸張位の負荷もストレッチ効果も高められる。

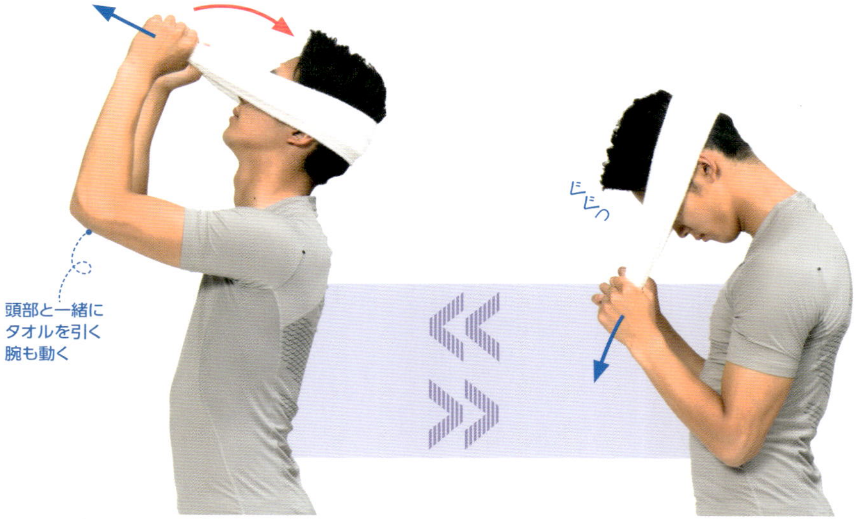
頭部と一緒に
タオルを引く
腕も動く

2 タオルを引く力に抵抗しながら頭部をゆっくり後方に振っていく。そのままタオルを引き続け、その力に抵抗しながら脱力することなくゆっくり頭部を前方に振って**1**の体勢に戻る。

1 両手にタオルを持って背すじを伸ばし、頭部を前方に倒した状態で頭頂部寄りの後頭部にタオルを引っ掛ける。そこから両手でタオルを引き下げ、その力に頭部を後方へ振る動きで抵抗する。

バリエーション

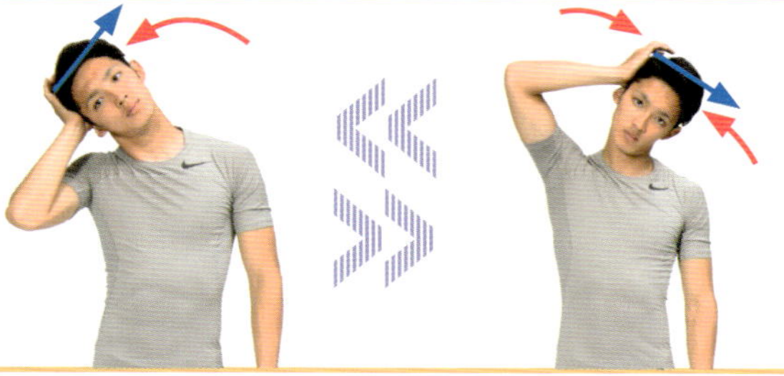

頸部の側屈筋群を鍛える方法

頭部を横に倒す頸部側屈筋群を鍛えるバリエーション。側頭部の片面に同側の手の平を当てて押していく。その力に対して頭部を横に倒す頸部側屈の動きで対抗する。

第6章

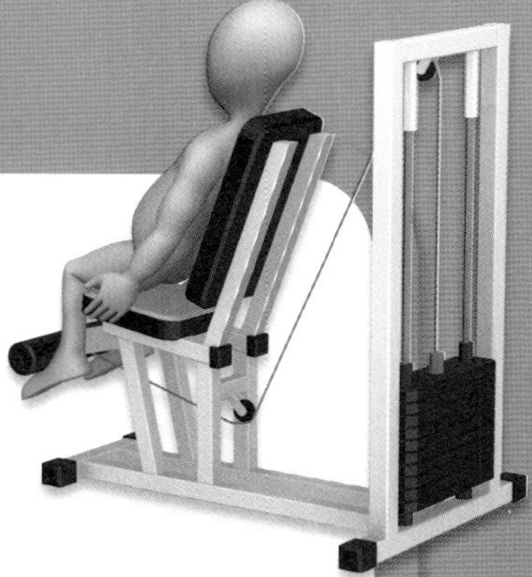

テーマ別 筋トレプログラム

筋トレ種別や部位別のプログラム例を紹介。筋トレを継続するためには1週間で実施するプログラムメニューを作ることが重要となる。最初は本章のプログラム例をベースにして、自分の体力レベルや生活サイクルに合わせたオリジナルのプログラムを作っていこう。

自宅編 自重&チューブ全身プログラム

自宅で鍛えたい人向けのプログラム例。必要となるアイテムはチューブのみ。チューブは長さが2mのロングタイプを使用すれば、両腕を一緒に鍛えられる。複数の日に分けて実施する場合、二分割であれば「下半身」&「体幹」と「上半身」に分割する。三分割であれば「下半身」「体幹」「上半身」に分けて行うと良い。

各種目とも「10回×3セット」が目安となる。同じ部位を週2回以上鍛える場合、最低でも中1日以上の回復期間を挟む。

●下半身

- 太もも前面・内側 尻 **ヒンズースクワット(→P.133)**
- 尻 **自重ヒップスラスト(→P.113)**
- 太もも裏 **ヒップリフト(→P.139)**

●体幹

- 脊柱まわり **自重バックエクステンション(→P.157)**
- 腹部 **クランチ(→P.163)**
- 腹部 **シットアップ(→P.164)**
- 脇腹 **ツイストレッグレイズ(→P.173)**

●上半身

- 胸 **ワイドプッシュアップ(→P.37)**
- 背中側部 **チューブプルダウン(→P.63)**
- 背中 **インバーテッドローイング(→P.55)**
- 肩後部 **チューブリアレイズ(→P.81)**
- 上腕後面 肩前部 **ナロープッシュアップ(→P.98)**
- 上腕前面 **チューブアームカール(→P.89)**

自宅編 自重&ダンベル全身プログラム

自宅でハードに鍛えたい人向けのプログラム例。2個のダンベルが必要となる。ダンベルは、種目ごとにプレートの着脱で重さを変えられる可変式タイプが便利。脊柱まわりは「下半身」の種目である片手片足デッドリフトでサブ的に鍛えていく。「上半身」の上腕の種目は「下半身」または「体幹」の種目の日に組み込んでも良い。

ダンベルプレスはP.52で解説した自宅用の方法で行う。ブルガリアンスクワットやワンハンドローイング、キックバックはベンチの代わりに自宅にあるイスを使う。

●下半身

尻 尻側部 太もも裏
ブルガリアンスクワット(➡P.116)

尻側部 尻 太もも裏 脊柱まわり
片手片足デッドリフト(➡P.124)

太もも内側・前面・裏 尻 **ワイドスクワット(➡P.147)**

●体幹

腹部 **クランチ(➡P.163)**

脇腹 腹部 **トランクツイスト(➡P.176)** ※ダンベルを使用

脇腹 **サイドベンド(➡P.179)**

●上半身

胸 肩前部 上腕後面 **ダンベルプレス(➡P.42)**

背中 **ワンハンドローイング(➡P.59)**

肩中部 **ダンベルサイドレイズ(➡P.78)**

肩後部 **ダンベルリアレイズ(➡P.80)**

上腕後面 **キックバック(➡P.101)**

上腕前面 **ダンベルカール(➡P.92)**

※各種目とも「10回×3セット」が目安。同じ部位を週2回鍛えるなら中1日以上の回復期間を挟む

ジム編 マシン全身プログラム

マシンで鍛えたい人向けのプログラム例。重量設定が簡単でフォームも安定する。上腕後面はチェストプレスとショルダープレスの2種目を行いサブ的に鍛えていく。施設に該当するマシンがない場合は同じ部位が鍛えられる別の種目を取り入れる。マシンプルダウンであれば同じ動きであるラットプルダウン(→P.65)が代用種目。

「上半身」は種目数が多いので「下半身」「体幹」「上半身」で三分割して行う場合は、マシンアームカールを「下半身」または「体幹」の日に組み入れても良い。

●下半身

- 尻 太もも前面・内側 レッグプレス(→P.135)
- 尻側部 マシンアブダクション(→P.122)
- 太もも前面 レッグエクステンション(→P.134)
- 太もも裏 レッグカール(→P.140)

●体幹

- 脊柱まわり マシンバックエクステンション(→P.158)
- 腹部 アブドミナルクランチ(→P.166)
- 脇腹 ロータリートーソ(→P.174)

●上半身

- 胸 肩前部 上腕後面 チェストプレス(→P.38)
- 肩前・中部 上腕後面 マシンショルダープレス(→P.84)
- 背中側部 マシンプルダウン(→P.64)
- 背中 マシンローイング(→P.56)
- 肩後部 リアデルトフライ(→P.81)
- 上腕前面 マシンアームカール(→P.90)

※各種目とも「10回×3セット」が目安。同じ部位を週2回鍛えるなら中1日以上の回復期間を挟む

ジム編 フリーウエイト全身プログラム

フリーウエイトでハードに鍛えたい人向けのプログラム例。高重量で追い込める。上半身は種目数が多いため、下半身や体幹の種目とは別の日に行うやり方もある。上半身の種目を、動員される筋肉の一部が共通している種目同士で組み合わせて、「胸」系&「上腕後面」と「背中」系&「肩」&「上腕前面」に分割しても良い。

ウエイトの重さより、可動域の広い正しいフォームで鍛えることを意識して行う。フリーウエイト種目で高重量を扱うと、運動のボリュームが大きくなりやすい。

●下半身

太もも前面・内側　尻　脊柱まわり　**バーベルスクワット(➡P.136)**

尻側部　尻　太もも裏　脊柱まわり　**片手片足デッドリフト(➡P.124)**

太もも裏　尻　**ルーマニアンデッドリフト(➡P.144)**

●体幹

脊柱まわり　**体幹バックエクステンション(➡P.159)**

腹部　**デクラインシットアップ(➡P.169)**

脇腹　**ライイングトランクツイスト(➡P.178)**

●上半身

胸　肩前部　上腕後面　**ベンチプレス(➡P.44)**

背中側部　**ワイドグリップチンニング(➡P.66)**

背中　**ベントオーバーローイング(➡P.60)**

上背部　**ダンベルアップライトロー(➡P.71)**

肩前・中部　**バーベルバックプレス(➡P.86)**

上腕前面　**ダンベルカール(➡P.92)**

上腕後面　**ライイングエクステンション(➡P.102)**

※各種目とも「10回×3セット」が目安。同じ部位を週2回鍛えるなら中1日以上の回復期間を挟む

ジム編 上半身追い込みプログラム

上半身の各部位を複数の種目で追い込んでいく中・上級者向けのプログラム例。上半身を「胸」「背中・上背部」「肩前・中部」「肩後部」「上腕前面」「上腕後面」の6部位に分割して鍛えていく。週2日で3部位ずつ鍛える場合は働きが近い部位を組み合わせ、「胸」「肩前・中部」「上腕後面」と「背中&上背部」「肩後部」「上腕前面」に分割する方法がある。

週3日で2部位ずつ鍛える場合は「胸」&「肩前・中部」、「背中・上背部」&「肩後面」、「上腕前面」&「上腕後面」に三分割するのが一般的。それ以外では「胸」&「上腕後面」、「背中・上背部」&「上腕前面」、「肩前・中部」&「肩後部」という三分割する方法がある。

●胸

胸 肩前部 上腕後面 **ベンチプレス**（➡P.44）
胸 **チェストフライ**（➡P.39）
胸上部 **スミスインクラインベンチプレス**（➡P.48）

●背中・上背部

背中側部 **ラットプルダウン**（➡P.65）
背中 **ベントオーバーローイング**（➡P.60）
上背部 **スミスバーベルシュラッグ**（➡P.70）

●肩前・中部

肩前・中部 **バーベルバックプレス**（➡P.86）
肩中部 **ダンベルサイドレイズ**（➡P.78）

●肩後部

肩後部 **ダンベルリアレイズ**（➡P.80）
肩後部 **リアデルトフライ**（➡P.81）

●上腕前面

上腕前面 **ダンベルカール**（➡P.92）
上腕前面 **インクラインダンベルカール**（➡P.94）
上腕前面 **ダンベルハンマーカール**（➡P.95）

●上腕後面

上腕後面 **ナローグリップベンチプレス**（➡P.106）
上腕後面 **ライイングエクステンション**（➡P.102）
上腕後面 **プレスダウン**（➡P.100）

※各種目とも「10回×3セット」が目安。同じ部位を週2回鍛えるなら中1日以上の回復期間を挟む

ジム編 下半身&体幹追い込みプログラム

下半身と体幹の各部位を複数の種目で追い込む中・上級者向けのプログラム例。総じて運動のボリュームが大きいため、スクワットをメインに行う日と片足デッドリフト（またはブルガリアンスクワットでも良い）&ルーマニアンデッドリフトをメインに行う日に分けて、週に計2回交互に行う方法もある。

各部位の種目順はフリーウエイト種目が先でマシンやケーブル種目を後に行う。体幹伸展の脊柱起立筋は、下半身の種目であるバーベルスクワットでも鍛えられる。「腹部」や「脇腹」の腹筋種目は週2～3回実施したい。

●下半身

太もも前面・内側　尻　脊柱まわり
バーベルスクワット（→P.136）

尻　尻側部　**片足デッドリフト（→P.117）**

太もも裏　尻　**ルーマニアンデッドリフト（→P.144）**

太もも前面　**レッグエクステンション（→P.134）**

太もも裏　**レッグカール（→P.140）**

骨盤前面　**マシンヒップフレクション（→P.128）**

ふくらはぎ　**マシンカーフレイズ（→P.154）**

●体幹

脊柱まわり　**体幹バックエクステンション（→P.159）**

腹部　**デクラインシットアップ（→P.169）**

脇腹　**ライイングトランクツイスト（→P.178）**

脇腹　**ロータリートーソ（→P.174）**

※各種目とも「10回×3セット」が目安。同じ部位を週2回鍛えるなら中1日以上の回復期間を挟む

自宅編&ジム編 お腹引き締めプログラム

腹部前面の腹直筋と脇腹の腹斜筋群を鍛えてお腹を引き締めるプログラム例。自宅でも実施できる種目だけで構成した「自宅編」と「ジム編」に分けて紹介する。「自宅編」も正しいフォームで継続して行えば「ジム編」と同様の効果が得られる。

できる人はどちらかのプログラムを週1回だけではなく週2～3回実施しよう。ジムに週1～2回程度しか行けない人は、「自宅編」と「ジム編」のプログラムを週1回ずつ実施する組み合わせもあり。種目が変わり、飽きずに継続できる。

●自宅編

- 腹部 クランチ（→P.163）
- 腹部 シットアップ（→P.164）
- 脇腹 腹部 ツイストクランチ（→P.172）
- 脇腹 トランクツイスト（→P.176）
- 脇腹 ツイストレッグレイズ（→P.173）

●ジム編

- 腹部 ケーブルクランチ（→P.167）
- 腹部 骨盤前面 デクラインシットアップ（→P.169）
- 脇腹 ロータリートーソ（→P.174）
- 脇腹 ライイングトランクツイスト（→P.178）
- 脇腹 サイドベンド（→P.179）

〈モデル〉

秋山 翔飛（国際武道大学）

AYAKA（BRAFT）

〈撮影協力〉 **国際武道大学**

〈写真&イラスト協力〉 **Shutterstock**

〈ウエア協力〉 **ナイキ ジャパン**

【著者略歴】
荒川裕志（あらかわ・ひろし）

国際武道大学体育学部准教授。1981年、福島県生まれ。国立スポーツ科学センター・スポーツ科学研究部研究員を経て現職。早稲田大学理工学部卒業。東京大学大学院総合文化研究科博士課程修了。博士（学術）。専門はバイオメカニクス・トレーニング科学。スポーツ科学の研究者でありながら、元プロ格闘家としての顔ももつ。著書に『体が硬い人のためのストレッチ』『効く筋トレ・効かない筋トレ』（ともにPHP研究所）、『最強の自宅トレーニングバイブル』（マイナビ）、『筋肉の使い方・鍛え方パーフェクト事典』（ナツメ社）など。

STAFF
編集制作：谷口洋一（株式会社アーク・コミュニケーションズ）
デザイン：小林幸恵、玉井真琴（有限会社エルグ）
撮　　影：清水亮一（アーク・フォトワークス）

あなたに最適な種目がわかる・選べる
世界一使える筋トレ完全ガイド

2018年7月30日　第1刷発行
2025年6月10日　第9刷発行

著　者　荒川裕志
発行者　竹村響
印刷所　株式会社 光邦
製本所　株式会社 光邦
発行所　株式会社 日本文芸社
〒100-0003　東京都千代田区一ツ橋1-1-1　パレスサイドビル8F

Printed in Japan 112180720-112250529 Ⓝ09 (210049)
ISBN978-4-537-21598-4
（編集担当：坂）